これならできる

小学校教科でのプログラミング教育

監修
東京工業大学名誉教授　　赤堀　侃司
玉川大学教職大学院教授　久保田善彦

編著
つくば市教育局総合教育研究所

東京書籍

第１章
これならできる
小学校教科でのプログラミング教育 理論編

はじめに

2020年の教育改革では，小学校学習指導要領に「プログラミング教育」が導入され，総合的な学習の時間だけでなく，教科の中での活用の必要性が叫ばれています。しかし，現場では，「プログラミング教育」は，これまでにない新しい学習であるため，戸惑いや不安が多いのが実情です。

本書では，そうした小学校の先生方が児童と一緒に無理なく楽しく正しくプログラミング学習が展開できるような内容とし，中で紹介している動画やワークシートはフリーで使えるようにしました。

ICTが苦手という先生方にも「これならできそう」と思って授業に使っていただけると幸いです。

つくば市立みどりの学園義務教育学校長　毛利　靖

第２章
これならできる
小学校教科でのプログラミング教育 実践編

実践編 ナビゲーション

第２章－１
これならできる
小学校教科でのプログラミング教育 必修編

第2章－2
これならできる 小学校教科でのプログラミング教育 応用編

第１章
これならできる
小学校教科での
プログラミング教育 理論編

2020年
新学習指導要領と
プログラミング教育

文部科学省初等中等教育局視学官
（前情報教育振興室長）
安彦 広斉

学習指導要領改訂の経緯

現在，情報化・グローバル化の進展や絶え間ない技術革新等により，これまで実現不可能と思われていた社会の実現が可能になることで，産業構造や就業構造が劇的に変わる可能性があるなど，予測が困難な時代を迎えています。今の子供たちやこれから誕生する子供たちには，このような時代の中で育ち，成人して22世紀まで社会で活躍していくための「生きる力」が必要となります。

世界の人口は現在の76億人から，アジア，アフリカの人口増を中心に2050年に98億人，2100年には112億人に達すると予測される一方で，我が国の人口は急激に減少し，2053年には1億人を割って9千9百万人となり，2065年には8千8百万人，高齢化率は38.4%に達すると推計されるなど，国内のローカルな課題から世界規模のグローバルな課題に至るまで，様々な解決すべき課題に直面することが予想されます。

一方，急激な少子高齢化が進む中で成熟社会を迎える我が国にあっては，一人一人が持続可能な社会の担い手として，その多様性を原動力とし，質的な豊かさを伴った個人と社会の成長につながる新たな価値を生み出していくことが期待されます。

このような時代にあって，学校教育には，子供たちが様々な変化に積極的に向き合い，他者と協働して課題を解決していくことや，様々な情報を見極め知識の概念的な理解を実現し情報を再構成するなどして新たな価値につなげていくこと，複雑な状況変化の中で目的を再構築することができるようにすることが求められています。

このことは，我が国の学校教育が伝統的に大切にしてきたことであるものの，教師の世代交代が進むと同時に，学校内における教師の世代間のバランスが変化し，教育に関わる様々な経験や知見をどのように継承していくかが課題となり，子供たちを取り巻く環境の変化により学校が抱える課題も複雑化・困難化する中で，これまでどおり学校の工夫だけにその実現を委ねることは困難になってきています。

子供たちの現状をデータで見ると，OECD生徒の学習到達度調査（PISA2015）の結果では，科学的リテラシー（1位／OECD加盟国参加35か国中），読解力（6位／同），数学的リテラシー（1位／同）と，各分野において日本は国際的に見て平均得点が高い上位グループに位置している一方で，高校生の自己肯定感の国際比較では，「私は勉強が得意な方だ」と答えた高校生は23.4%（米国65.5%）と，他国よりも顕著に低くなっています（図1）。

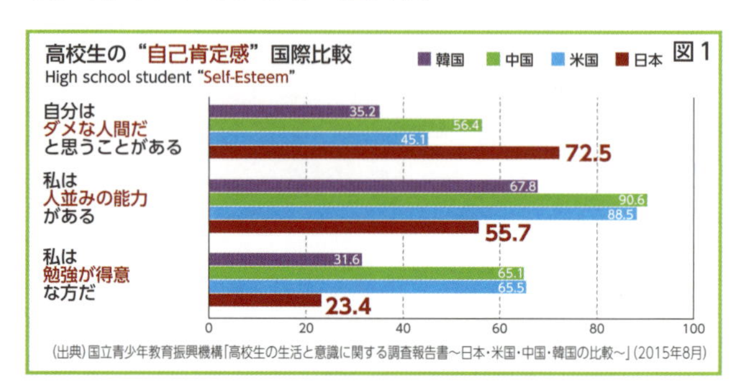

（出典）国立青少年教育振興機構「高校生の生活と意識に関する調査報告書～日本・米国・中国・韓国の比較～」(2015年8月)

教師の自己効力感に関する国際比較では，「生徒に勉強ができると自信を持たせる」ことができていると実感できている教師は17.6%（参加国平均85.8%）などと，参加国平均よりも顕著に低くなっています（図2）。

教師の"自己効力感"国際比較　図2
Teacher "Self-Efficacy"

表12.3　教員の自己効力感【生徒の主体的学習参加の促進について】

	生徒に勉強ができると自信を持たせる	生徒が学習の価値を見いだせるよう手助けする	勉強にあまり関心を示さない生徒に動機付けをする	生徒の批判的思考を促す
日本	17.6%	26.0%	21.9%	15.6%
参加国平均	85.8%	80.7%	70.0%	80.3%

（出典）OECD国際教員指導環境調査（TALIS）2013年調査結果報告書より

国際学力調査（PISA,TIMSS）で上位の結果を出している子供たちと教師たちでありながら，自己肯定感と自己効力感が低い現状は，新しい時代に求められる資質・能力の必要性を敏感に感じ取って，それぞれが正しく認識しているからではないかと考えることができます。

こうした状況を踏まえ，2014（平成26）年11月には，文部科学大臣から新しい時代にふさわしい学習指導要領等の在り方について中央教育審議会に諮問を行いました。

中央教育審議会においては，2年1か月にわたる審議の末，2016（平成28）年12月に答申を示しました。

この答申においては，「よりよい学校教育を通じてよりよい社会を創る」という目標を学校と社会が共有し，連携・協働しながら，新しい時代に求められる資質・能力を子供たちに育むことなどが求められました。

これを踏まえ，2017（平成29）年3月に学校教育法施行規則の改正とともに，小学校学習指導要領を公示しました。小学校では，2020年4月から全面実施となります。

新学習指導要領における『情報活用能力』

新学習指導要領においては，特に，『情報活用能力』を「学習の基盤となる資質・能力」と位置付け，教科等横断的な視点から育成を強化することとしています。

今回の改訂に当たっては，以下の資質・能力の三つの柱に沿って『情報活用能力』について整理しています。

【知識・技能】
情報と情報技術を活用した問題の発見・解決等の方法や，情報化の進展が社会の中で果たす役割や影響，情報に関する法・制度やマナー，個人が果たす役割や責任等について，情報の科学的な理解に裏打ちされた形で理解し，情報と情報技術を適切に活用するために必要な技能を身に付けていること。

【思考力，判断力，表現力等】
様々な事象を情報とその結びつきの視点から捉え，複数の情報を結びつけて新たな意味を見出す力や，問題の発見・解決等に向けて情報技術を適切かつ効果的に活用する力を身に付けていること。

【学びに向かう力・人間性等】
情報や情報技術を適切かつ効果的に活用して情報社会に主体的に参画し，その発展に寄与しようとする態度等を身に付けていること。

こうした情報活用能力は，各教科等の学びを支える基盤であり，これを確実に育んでいくためには，各教科等の特質に応じて適切な学習場面で育成を図ることが重要であるとともに，そうして育まれた情報活用能力を発揮させることにより，各教科等における主体的・対話的で深い学び（アクティブ・ラーニング）へとつながっていくことが一層期待されるものです。

『情報活用能力』の育成におけるプログラミング教育

『情報活用能力』の育成（情報教育）において，情報の科学的な理解の中核となるプログラミング教育は，小学校で2020年度から必修となり，中学校ではその内容を充実し，高等学校では2割程度の生徒しか学んでいない現状を全生徒が学ぶよう共通必履修科目「情報Ⅰ」を新設するなど，小・中・高等学校を通じて充実します。

コンピュータをより適切，効果的に活用していくためには，その仕組みを知ることが重要です。コンピュータは人が命令を与えることによって動作します。端的に言えば，この命令が「プログラム」であり，命令を与えることが「プログラミング」です。プログラミングによって，コンピュータに自分が求める動作をさせることができるとともに，コンピュータの仕組みの一端をうかがい知ることができるので，コンピュータが「魔法の箱」ではなくなり，より主体的に活用することにつながります。

プログラミング教育においては，コンピュータに関する知識・技能を習得するということだけでなく，ものごとを論理的に考えていく力を育成するという観点から，プログラミングを体験しながら，コンピュータに意図した処理を行わせるために必要な論理的思考力，すなわち「プログラミング的思考」を身に付けさせることを特に重視しています。

プログラミング教育の今後の展開について

将来の予測が難しい社会において，未来を拓いていく子供たちには，情報を主体的に捉えながら，何が重要かを主体的に考え，見いだした情報や情報技術を活用しながら他者と協働し，新たな価値の創造に挑んでいくことがますます重要となってきます。22世紀まで生きる子供たちが，新しい時代に求められる資質・能力を身に付けるため，プログラミング教育が果たす役割はとても重要と考えており，文部科学省においては，

① 新学習指導要領の趣旨等をわかりやすく解説した「小学校プログラミング教育の手引（第一版）」（2018年3月）（http://jouhouka.mext.go.jp/）の周知等，

② 総務省・経済産業省と連携し，教育委員会・民間企業等とともに設立した「未来の学びコンソーシアム」（https://miraino-manabi.jp/）との連携も図りつつ，無理なく教師が授業で取り組めるプログラミング教育に関する情報提供等の充実に努めてまいります。

【著者略歴】1968年山形県鮭川村生まれ。専修大学法学部卒。1995年文部省総務課採用。1996～2010年まで教育助成局財務課，高等教育局専門教育課，初等中等教育局教職員課などにおいて，情報教育や教員政策を中心に担当。2011年幼児教育課補佐，2013年財務課補佐，大臣官房事務次官秘書，2015年初等中等教育企画課総務担当補佐，2017年生涯学習政策局情報教育振興室長などを経て，2018年から現職。
主な著書：「新学習指導要領に対応した教材とコンピュータ整備の手引き」（教育新聞社，2002年）。

なぜ，今，プログラミング教育なのか

東京工業大学名誉教授
赤堀 侃司

1. 学校と社会

技術進歩が急速になった。AI（人工知能）やビッグデータだけでなく，周辺技術であるセンサーや音声認識などの進歩によって，生活が変わろうとしている。ロボットが掃除のような作業だけでなく，知的な活動をするようになると，人間のする仕事が無くなって，十数年後には，現在の仕事の半分が，ロボットに変わるだろうという未来予測もよく知られている。人は，どのような仕事をすればいいのだろうか。あるいは，人がロボットのような技術と共存するには，どのような能力を身につければいいのだろうか。

新学習指導要領で言われる，どのような資質能力が求められているかという，問いである。このような問いは，現在だけでなく，過去にもあった。学校と社会の接続と言ってもよいが，学校で習ったことが，社会でも生きて働くような学びの在り方と言ってもよい。そもそも，学校と社会は何が異なるのか，ということから考えてみよう。図 1 は，Brown，J.P.，Collins. A ら（1989）が提案した，学校と社会における学習の仕方の違いを元に，筆者が，プログラミング教育用に改変した図である。

図で分かるように，社会は，正解が見えない状況の中で，問題解決を求めている。そこには関係する人々の協力が必要で，協働という形態をとるしか仕事の方法はない。例えば，図の下段に示したように，学校では，数学は計算で問題を解くが，それは正解が決まっていて，公式によって解ける問題だけである。平均値を求めることは計算でできるが，例えば，実際に 1000 人で 10 教科の平均点を求めるとすれば，コンピュータという道具がなければ，現実的には不可能である。このように，現実社会という状況になった時，それは，数学，理科，社会という教科だけでなく，それらの教科の知識を基礎としながらも，道具を持ち込み，技術と共存するしか，解決の方法はない。

人は，古くから，道具を生活の中に持ち込み，技術という恩恵を受けながら，暮らしてきた。ロボットとの共存も同じである。もちろん，技術には，光と影があるので，正しい使い方や活用の仕方を身に付ける必要があり，それが，情報社会の今日では，情報活用能力と呼ばれる。

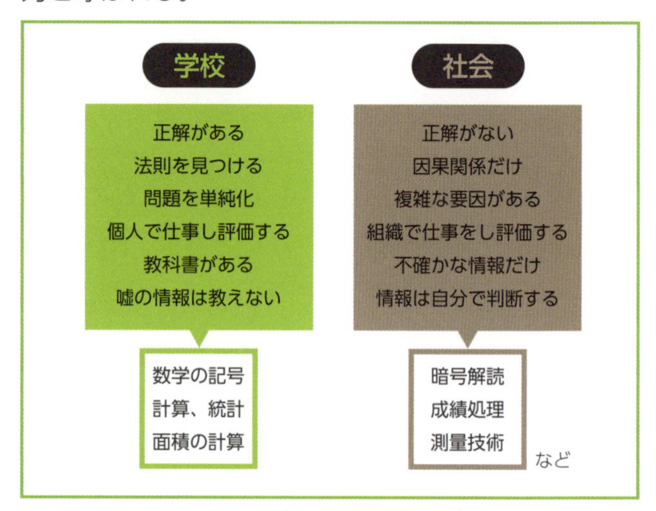

図 1　学校と社会の違い（赤堀侃司，2018）

2. 社会につなげるプログラミング教育

では，現代社会は，どのような能力を，学校に期待し，どのように接続しようとするのか，それを考えてみよう。社会では，知識だけを暗記して持っていても，あまり重要視されないだろう。しかし，誤解しないでいただきたい。知識がなければ，ネットで調べることもできないことは明白で，ネット検索スキルだけあっても，肝心の中身がなければ，検索することも，人と対話することも，文章を書くこともできないのは，当然なので，ここでは，その基礎基本の知識を，いかに社会に生かすか，生きて働く知識に変換するかであって，知識自身が重要であることは，言うまでもない。

そこで，どのようにダイナミックで活動的な知識に，変えるかという学びの方法なのである。

例えば，学校の国語の時間では，漢字の書き方や文章表現，文学作品，文法などについて学ぶが，現実社会では，文学作品よりも，報告書，新聞，ニュース，業界の専門用語，予算や決算などの表などが中心で，そのような言葉や文章などの読み方，書き方，意味などの理解が求められる。その場合，国語の時間で勉強してきた，基礎的な知識や理解がベースになっていることは間違いないが，それは必要条件であるが，十分条件ではないだろう。国語の時間で成績の良かった児童生徒が，社会に出ても，そのまま報告書の文章の書き方，表現の仕方，業界の専門用語の理解に優れているとは限らない。それは，現実社会では，国語の教科という限られた知識だけではなく，社会科，理科，数学の知識さえも必要とされる，複雑で総合的な知識だからである。

理科でも同じで，理科の授業で勉強したことが，そのまま現実社会に通用するわけではないことは，経験的にも知っている。高校生を対象にした全国模擬試験で，家庭の電気の問題があった。家庭に配線している電気回路は，直列か並列かという問題で，電気コンセントの図を見て，多くの高校生は直列と答えた。見た目には，コンセントの口に多くの電気コードが差し込んであるので，直列的に見えるのだが，実際は並列である。もし直列ならば，1 つの電化製品のスイッチを切れば，すべての他の電化製品に，電流は流れない。この事例も，学校における知識が，社会に出て，生きて働かないからと言えるだろう。

そこで，学校と社会をつなげる知識の在り方は何かが，模索されてきた。それは，教科の知識と，社会における知識の違いであり，それを結ぶ方法と言ってもよい。その 1 つの試みは，PISA（OECD 生徒の学習到達度調査）であろう。PISA で測定する調査は，国語，数学，理科のテスト得点ではなく，読解力，数学リテラシー，科学リテラシーと呼んでいる。教科学力ではなく，リテラシー，つまり能力を調査しているのである。そこでは，学校で見たことも習ったこともない問題が提示されて解くのであるから，教科学力ではなく，解けるために必要な能力が調査されているのである。当然ながら，教科学力がベースになっていることは言うまでもないが，それだけではない。社会で通用するリテラシー，つまり能力を調査している。PISA を世界各国の教育機関が注目している理由は，その能力に意味を見出しているからで，それは国を支える重要な力になるだろうと，期待しているからである。

我が国でも，学校の教科の知識から，社会に出ても生きて働く資質能力に，教育課程の比重を移してきた。その資質能力の 1 つに情報活用能力があるが，その中でもプログラミング教育による能力育成に期待している。

3. プログラミング教育のめざす能力

プログラミング教育のめざす能力については，文部科学省の有識者会議で，「プログラミング的思考」と定義しているので，参考になろう。この内容についての詳細は，別章を参考にされたいが，この能力が，社会に出て，なぜ必要かを，考察しよう。

筆者が初めて，プログラミング教育の実践を見たのは，つくば市の佐々木香織先生（2016 年）の音楽の授業であった。図 2 にその光景を示す。

図 2　つくば市佐々木香織先生の音楽の授業

音符は，この高さで，この長さで，演奏しなさいという指示を表示しており，その音符の順序は，指示語の順次処理である。曲はすべて異なる音符でできているわけではなく，小節という単位に分かれていて，その中のいくつかの小節は，何度か用いられるので，これは繰り返しである。さらに，曲には，いくつかの山場があって，それぞれの意味合いや表現する意図が異なるが，これは，場合に応じた曲だと言える。つまり，プログラミングにおける，順次処理，繰り返し，場合分けに相当することが分かる。筆者は，この音楽の授業を見て，プログラミング的思考が，音楽の授業に反映されていることが分かり，きわめて興味深かった。

総務省の若年層のプログラミング教育でも，多くの優れた実践があった。徳島県で実践したプログラミングは，阿波踊りを模擬する人形の仕草のプログラムであった。技術的にはいくつかの工夫が必要だが，基本は，踊るという仕草には，いくつかの基本パターンがあって，それらを繰り返す，という組み合わせでできていることを思えば，先の音楽の授業と同じである。

このように，プログラミング的思考は，教科を学習すること，発表すること，計画を立てること，料理をすること，入学式の式次第に至るまで，人間のすべての活動に共通して組み込まれていることに，気が付くだろう。

料理を作ることも，どのような料理にしたいか（目的），どのような食材を用意したらいいか（材料），そのような順序で料理するのか（順序），どのように味付けするのか（条件による場合分け），その結果から，どのように次は改善するのか（デバッグ）など，プログラミングに必要な活動や特徴が，含まれている。

このように考えると，それがプログラミング言語，音符，体の動き，文字，図，写真など，表現手段は違っても，すべて自分の意図する目的を，表現し，他に伝える方法だということができる。その意味では，教科学力ではなく，どの教科にも，どの活動にも必要とされる能力だと言える。

それは，PISA が呼んでいる，この世の中を生きていく上で必須とされる能力，つまりリテラシーと同じである。Computational Thinking（プログラミング的思考と同義語と言える）を提唱した J.M.Wing は，読み書き算に続く，4 番目のリテラシーと呼んだが，その趣旨は理解されるだろう。

4. プログラミング教育がもたらすもの

先に述べた総務省の若年層のプログラミング教育の事業では，いろいろな実践があったが，そこで得られたいくつかの知見を，以下に述べる。

❶ 難しいが，面白い

どのプロジェクトでも，どの子供も，プログラミングの体験を通して，「難しいが，面白い，楽しい」と述べている。難しい，という言葉に注目してほしい。簡単だったから，先生にほめられたから，ほうびをもらえたから，面白い，楽しい，と言っているのではない。

プログラミングの経験をすれば，すぐ分かるように，一度にすぐプログラムが成功することは，ほとんどない。プログラミング（コーディング）すると，ほとんどがエラーとなって，返ってくる。返ってくるという表現は，人とコンピュータが対話しているイメージを表している。この時，相手が人の場合では，怒る場面であっても，相手がコンピュータの場合は，必ず，こちらがミスしていると思うのである。実際に，その通りで，そこで，気が付いて，修正をする（デバッグ）ことになる。国語や算数などのテストで正解なら喜び，誤答ならがっかりすることが通例であるが，プログラミングの場合は，誤答のほうが，普通である。だから，難しい。しかし，そこを乗り越える時に，この上なく，嬉しい気持ちになる。そうか，そうだったのか，という自分の理解が深まったという気持ちが，面白い，楽しい，という表現になった。つまり，失敗に面白さを感じたのである。それは，発見と言ってもよい。

考えてみれば，失敗もせず，無難に，成功ばかりの人生はなく，失敗しながら，しかし，なんとか修正しながら，デバッグしながら，人は生きてきた。そこに，面白さを感じることは，プログラミング教育の優れた特性ではないか。それは，社会に出ても，必要な経験になるだろう。社会では，試行錯誤で，失敗を繰り返しながら，仕事をするからである。

❷ 自由に表現する

プログラミング（コーディング）には，正解がない，という表現は飛躍があるが，正解にたどりつくには，いくつかの道がある。その道は，自分で作り出すもので，それは自由である。東京都石神井特別支援学校のプログラミング教育を参観した。図 3 に示すが，ハンバーガーを作る活動であったが，実際のハンバーガーではなく，手前にある細長い受け皿に，色のついたボールを乗せることで，スクリーンにハンバーガーが表示される。

子供たちは，自由に食材を重ねて，ハンバーガーを作っていった。それは，子供の自由な発想であって，誰かに言われて，その通りに実行しているのではない。そこに，子供たちの創造性が発揮される。特別支援の子供たちは，この操作だけで，喜色満面になった。

ハンバーガー作りは，始めと終わりはパンで包むという制約はあるが，美味しいと思う組み合わせは，自由である，と同じように，社会に出て仕事をする場合も，自分の工夫でできることが，楽しさや喜びにつながる。

図 3　東京都石神井特別支援学校の授業風景

❸ 自信を持つ

ある自閉症の子供がいて，他人とコミュニケーションをすることが難しかった。日頃は，他の子供と話すことはほとんどなく，黙って，活動する子供だった。その子供の学校がプログラミング教育の研究をすることになって，放課後のプログラミング授業に参加することになった。

他人とコミュニケーションすることは苦手であっても，1 人で集中することは得意だったかもしれない。プログラミングに夢中になった。周りを見たら，他の子供たちよりも，もっと先のプログラムを作っていた。そのような体験が何回か続いた時，その学校のプログラミング教育の発表会があって，他校の先生方や指導主事や行政関係の多くの見学者が，授業を参観した。無事に，授業が終わって，見学者が帰っていったが，その帰り際に，その自閉症の子供が，自分から指導主事の先生に，語りかけたという。

何を話したのか，筆者は知らないが，外部から来た大人に対して話すのは，勇気が要る。たぶん，何か言いたくて仕方がなかったのであろう。自分に自信を持ったからであろう。特別支援の子どもたちは，これまで生きてきて，何をしてもうまくいかない，自分は駄目なのだ，というメッセージを絶えず受けてきたのではないか，それが，他人とコミュニケーションできない原因かもしれないが，プログラミングを通して，うまくいった，という喜びを，外部から来た大人に，訴えたくて仕方がなかったのではないだろうか。

社会に出て，何かのきっかけで，やればできるという自信を持つことがある。それは，問題解決を実行する上で重要な能力，学びに向かう力，と言ってよいだろう。

❹ 目標を達成するために，協働する

一斉授業で，先生が説明をしている時に，隣同士で話すと，先生からにらまれる。一斉授業では，教員から児童生徒へ知識を伝えることがねらいなので，隣同士の話は，先生の話を聞いていないので，叱られることになる。グループ活動では，児童生徒同士が話し合うことが正しく，話ができないと叱られる。一斉授業で，質問があったら，挙手をするのが正しいが，挙手は難しい。中学校や高等学校になると，それは極めて難しいことは，よく知られている。児童生徒全員が，すべてを理解していることはあり得ないので，どこかで疑問を感じているはずである。質問をすること，グループで疑問をぶつけ合うこと，それが自然にできないのは，どこかに壁を感じるからであろう。

コンピュータ室で活動をすると，なぜか自然に隣同士が相談し合う。児童生徒同士が，気楽に教え合う光景がよく見られる。それは，コンピュータ画面を共有していることと無関係ではないだろう。その光景は，プログラミングの時にも，よく見受けられる。同じような課題に取り組んでいると，そこに共通の問題意識が生まれる。つまり，同じ仲間意識が生じて，自然に教え合うことになるではないか。

図1で，学校は個人で，社会は組織で活動すると，述べた。学校での成績は，個人に対して与えられるが，企業でも行政でも，ほとんどは組織に対して，評価される。そこで，社会では，協働することが普通であって，むしろ個人プレーは嫌われる。

このように考えると，プログラミングにおいて協働する姿は，学校よりも社会の活動に近いことが理解される。つまり，自然に社会につながる活動をしているのである。それは，競争するよりも，協調しながら，共に目標を目指す姿と言ってよい。図4は，そのような光景の1つである。

図4　豊橋市植田小学校のプログラミング教育

❺ 社会につなげる

先に，プログラミング教育は，社会につなげる教育であり，その目標は，教科学力を高めるというより，PISAで目指すようなリテラシーだと述べた。リテラシーは，社会で生きていく上で，必須の能力であり，すべての人が身に付ける能力のことである。かつては，読み書き算と言われたが，さらに，情報活用能力，プログラミング的思考，Computational Thinkingなどのリテラシーが，現代社会では，必要になった。

現代社会では，スマホは日常の道具となって，固定電話の代わり，手紙の代わり，新聞の代わり，カメラの代わり，電車の切符の代わり，財布の代わり，のように，あらゆる生活に必要な活動を代用するようになった。職場では，パソコン無しでは，何もできない状況が生まれ，確かに，コンピュータという道具なしでは生きてはいけない時代になった。しかし，人は，道具としてのコンピュータだけでなく，その仕組みや考え方，思考法にも精通する必要が出てきた。道具を使うだけでは，人がロボットに使われる時代がやってくるかもしれない。英国のCAS（Computer at School）は，道具の利用者（ユーザ）から，主体的に動かす道具の著者（オーサー）になるべきだと主張している。

そのプログラミング的思考をめざした実践で得られる，デバッグする，自由に表現する，自信を持つ，協働するなどは，今日の社会に求められる資質能力であることを思えば，今，なぜ，プログラミング教育かの答えになるだろう。

小学校で期待されるプログラミング教育とは

東北大学大学院情報科学研究科
教授
堀田 龍也

1. 情報技術が加速的に進化する私たちの社会

(1) 身近な生活に見る情報技術の発達

エアコンやロボット掃除機は，与えられた命令のもとに制御され，知的な振る舞いで私たちの生活を快適にしている。

車の自動運転は，電子地図の情報，GPSとセンサーの情報，カメラ映像の解析技術，運転時に人間が行っている知的判断のプログラム化，これを司る人工知能による制御により実用化しつつある。次なる議論として，信号制御との連動などによるより安全な交通社会の実現のほか，自動運転が実用化した際の運転免許の在り方，道路交通法の改正箇所，それでも万が一事故が生じた場合の責任の所在や保険適用の範囲など，技術の問題から社会の問題へと論点が移行している。

これまでも日常生活や社会にテクノロジーが浸透してきた。近年，無数のセンサーとビッグデータによって，情報技術は加速度的に進行し，テクノロジーはより知的に私たちの生活を支援していくようになってきた。

我が国ではこれからさらに少子高齢化が進み，労働人口は激減する。ロボットや人工知能の活用は，このこととも無縁ではない。新しいテクノロジーを上手に活用し，人間はより人間らしい仕事に従事すること。これが今後のキャリア教育となる。

これらの社会的な見通しが，小学校までもがプログラミング教育を行うことになるという政策の背景にある。

(2) 第四次産業革命による仕事の変化

「第四次産業革命」(Industry4.0) という言葉が話題となっている。

そのポイントの1つは人工知能の発達である。コンピュータの計算速度が飛躍的に向上したことにより，従来のコンピュータよりもさらに人間に近い知的な処理がスムーズに行われるようになった。その結果，一定の形式を持つ業務はほぼ人工知能によって代行できる時代になり，産業構造，とりわけ就業構造が大きく変化することが予想され，人工知能によって仕事が無くなると騒がれることにつながった。

もう1つのポイントはIoT(モノのインターネット)である。さまざまなセンサー情報がインターネットを介して集約され，これらが社会の制御に用いられつつある。蓄積されたビッグデータの解析によって，さまざまな現象の可視化が進行し，新たなサービスが生じ，これらが私たちの生活をより快適にしていく。

たとえば農業においては，センサーを搭載したドローンが，ある農家の耕地の電子地図を把握しており，上空からセンサーで植物の生育状態を見極め，肥料や農薬の最適配分を計算し，最適な時期に計画的に蒔くというようなことが実用化している。このことにより，ある農家の生産効率の向上のみならず，その農家の周辺農家との協調的な農薬散布や，地域ぐるみでの環境への配慮なども実現する。さらにはこれらのビッグデータの解析により，気候条件と農作物の生産に関するよりきめ細やかな最適制御が実現し，限られた農業人材をいつどこに配置すればよいかが計画できるようになる。

このように，たとえば農業の道に進むとしても，情報技術や情報技術に関する理解や活用に関する学習を避けることができないということは，もはや情報教育が特別なものではなくなり，どんな業種を進路に選んでも必要とされる，いわゆる教養教育として機能するということを意味する。

あらゆる仕事でテクノロジーを的確に用いていかなければならない時代を生きていくことになる子供たちには，コンピュータがどんな仕組みで動いていて，何ができ，何が苦手なのか，私たち人間はコンピュータをどう使っていくことが，より人間らしく生きていくことにつながるのかを知っておいてもらわなければならない。これは学校教育の役目である。

このことをよくわかってもらう最もよい方法が，プログラミング教育である。コンピュータに命令を与えて動かすことを体験し，また，うまく動かすために命令の組み合わせを修正し，よりうまくいく組合せ方を見つけて，コンピュータを思いどおりに動かすということを体験することを通して，エアコンもロボット掃除機も，このように動いて私たちの生活を助けてくれているのだなということを実感することができる。中・高校生であれば理屈でわかることであっても，小学生には体験させることで理解させたい。小学校段階からプログラミング教育を体験的に導入する本質的な意義はここにある。

2. 小学校へのプログラミング教育導入

(1) 導入の経緯

文部科学省は「小学校段階における論理的思考力や創造性，問題解決能力等の育成とプログラミング教育に関する有識者会議」を立ち上げ，小学校段階におけるプログラミング教育の在り方について検討した。同有識者会議は平成28年（2016年）6月16日に，「小学校段階におけるプログラミング教育の在り方について（議論の取りまとめ）」を公表した。この取りまとめは，中央教育審議会に申し送られ検討に付された。

中央教育審議会では，教育課程部会を経由して各教科等のワーキンググループで検討され，その結果が初等中央教育分科会を通って総会に上がっていった。平成28年（2016年）12月21日に中央教育審議会から文部科学大臣に，新学習指導要領のあるべき姿に関する答申が渡された。

答申には，急速な情報化の発展や人工知能にみられるような技術革新が，生活や社会に大きく影響を与える時代を迎えるにあたり，「これからの時代に求められる資質・能力は，情報活用能力や課題解決能力なども含め，特定の教科等だけではなく，すべての教科等のつながりの中で育まれるものである」と記された。

答申を受けて作成された小学校学習指導要領は，平成29年（2017年）に告示された。小学校学習指導要領総則の第1章第3の1の（3）には，「プログラミングの体験」について以下のように記述された。

> 各教科等の特質に応じて，次の学習活動を計画的に実施すること。
> イ 児童がプログラミングを体験しながら，コンピュータに意図した処理を行わせるために必要な論理的思考力を身に付けるための学習活動

この後，平成29年（2017年）7月に小学校学習指導要領解説総則編が発行された。ここには，総則に書かれているプログラミング教育に関する記述に対して，より詳細に整理された。さらに文部科学省は，平成30年（2018年）3月に「小学校プログラミング教育の手引（第一版）」を発行した。プログラミング教育の推進にあたり，文部科学省，総務省，経済産業省および民間企業等との連携が大きな動きになっていることを受け，教育課程内と教育課程外におけるプログラミング教育について整理されている。

(2) プログラミング教育の目的

学習指導要領解説総則編には，「小学校段階において学習活動としてプログラミングに取り組むねらいは，プログラミング言語を覚えたり，プログラミングの技能を習得したりといったことではなく」と明確に書かれている。すなわち，プログラミングは「学習活動として取り組む」ものであり，学習目標ではない。プログラミング言語を覚えることや，プログラミングの技能を習得することもまた，学習目標ではない。

「小学校プログラミング教育の手引（第一版）」には，小学校におけるプログラミング教育のねらいとして以下の3点であると明確に示された。

> ①「プログラミング的思考」を育むこと
> ②プログラムの働きやよさ，情報社会がコンピュータ等の情報技術によって支えられていることなどに気付くことができるようにするとともに，コンピュータ等を上手に活用して身近な問題を解決したり，よりよい社会を築いたりしようとする態度を育むこと
> ③各教科等での学びをより確実なものとすること

ここでも，「プログラミングに取り組むことを通じて，児童がおのずとプログラミング言語を覚えたり，プログラミングの技能を習得したりするといったことは考えられ」るとしながらも，「それ自体をねらいとしているのではない」と押さえられている。

「プログラムの働きやよさ，情報社会がコンピュータ等の情報技術によって支えられていることなど」に気付くことは，おそらく教員の働きかけ無しでは実現しにくいと考えられる。「コンピュータ等を上手に活用して身近な問題を解決」することもまた，教員による適切な課題設定無しには実現できない。「よりよい社会を築いたりしようとする態度」についてもまた，情報技術に支えられた社会の仕組みだけでなく，その負の影響についての知識が得られた上での実現となるだろう。

以上のように，プログラミングを体験する学習活動を行うことを通して，情報技術に支えられた社会につなげ，未来の情報社会の在り方について視点を移していくような学習指導が教員に求められるのである。

(3)「プログラミング的思考」

有識者会議が公表した「小学校段階におけるプログラミング教育の在り方について（議論の取りまとめ）」には，小学校段階のプログラミング教育のキーワードとして「プログラミング的思考」という用語を用いている。そしてこのプログラミング的思考が，「将来どのような職業に就くとしても時代を越えて普遍的に求められるもの」であるとしている。

プログラミング的思考の定義は，「自分が意図する一連の活動を実現するために，どのような動きの組合せが必要であり，一つ一つの動きに対応した記号を，どのように組み合わせたらいいのか，記号の組合せをどのように改善していけば，より意図した活動に近づくのか，といったことを論理的に考えていく力」とされている。

「自分が意図する一連の活動を実現するために，どのような動きの組合せが必要であり」というのは，意図する活動を小さく分解するということである。たとえば，朝起きてから家を出るまでにする活動を，ベッドから降りる，着替える，顔を洗う，朝食を食べるというような小さな活動に分解するのである。分解された活動が手順通りに行われて初めて意図する一連の活動が成立することになり，これは手順化という考え方にあたる。この一つ一つの手順を組み合わせていくという考え方が，プログラミングの考え方の基本になる。「動きに対応した記号」というのは，プログラミングの専門用語でいえば命令語のことを指す。自分が意図する活動を手順化するだけではコンピュータには伝わらないので，コンピュータに理解できる記号に対応させて置き換える必要がある。このような記号の組合せがプログラムとなる。いったん組み合わせられた記号，すなわちプログラムを，より精密かつ正確な動きにするためには，記号の組合せを改善する必要がある。このようなことを論理的に考えていく力のことをプログラミング的思考と呼ぶのである。

(4) いわゆるアンプラグドとの関係

新学習指導要領においては，「児童がプログラミングを体験しながら，コンピュータに意図した処理を行わせるために必要な論理的思考力を身に付けるための学習活動」を計画的に実施することとしている。前段の「児童がプログラミングを体験しながら」とは，まさにプログラミング体験であるが，これ自体が学習目標ではないことは先に述べた通りである。

「コンピュータに意図した処理を行わせるために」という部分は，当然ながらプログラミング体験によって体感されるものである。おそらく数時間の学習活動で体感されるだろう。一方，「(それに必要な) 論理的思考力を身に付けるための学習活動」は，数時間では身につかないことは自明である。そこで「各教科等の特質に応じて計画的に実施する」必要がある。

今日，多く見られるプログラミング教育の実践は，直接的にプログラミングを体験させようというものである。それは前段の「児童がプログラミングを体験しながら」に対応したものである。後段に対応するには，プログラミングを体験させる時ばかりでなく，各教科等での平素の学習場面においても論理的思考力を育成する活動が必要となる。数時間のプログラミングを体験した児童ならば，プログラミングにおける順次処理や繰り返し，分岐などを体験しているだろうから，各教科等の中でも同様の処理を発見することは可能である。たとえばわり算の筆算のアルゴリズムを学んだ後に，それまでのプログラミング体験を生かして，順次処理と繰り返し，分岐の組合せで説明させてみるとよい。このような学習活動においては，直接的にはコンピュータによるプログラミングをしているわけではないが，コンピュータに意図した処理を行わせるために必要な論理的思考力を養っているという意味では，プログラミング教育の範囲と考えてよい。

間違ってはならないのは，コンピュータによるプログラミング体験を一度もしていない児童にとっては，仮にわり算の筆算のアルゴリズムを論理的にトレースする学習活動を行ったとしても，それは児童の頭の中でコンピュータに意図した処理を行わせるイメージに繋がっていないという観点において，プログラミング教育とは言えないということである。

この観点から考えれば，プログラミング体験を行うことばかりに着目するだけでなく，並行して，日々の授業改善の中でプログラミング的思考につながる論理的思考力を育てるように授業改善をすることもう同時に求められるということになる。「小学校プログラミング教育の手引（第一版）」には，「コンピュータを用いずにプログラミング的思考を育成する指導を行う場合には，カリキュラム・マネジメントによって，児童がコンピュータを活用しながら行う学習と適切に関連させて実施するなどの工夫が望まれ」ると明記されている。

3. 教育課程内でのプログラミング教育の分類

(1) 学習活動の 6 分類

「小学校プログラミング教育の手引（第一版）」では，小学校段階において行われるプログラミング教育を以下の 6 つの学習活動に分類している。

A: 学習指導要領に例示されている単元等で実施するもの
B: 学習指導要領に例示されてはいないが，学習指導要領に示される各教科等の内容を指導する中で実施するもの
C: 各学校の裁量により実施するもの（A，B 及び D 以外で，教育課程内で実施するもの）
D: クラブ活動など，特定の児童を対象として，

教育課程内で実施するもの
E: 学校を会場とするが教育課程外のもの
F: 学校外でのプログラミングの学習機会

この分類は，学校現場において正しくプログラミング教育を実施するために極めて重要な整理である。以下，解説する。

(2) 教育課程内でのプログラミング教育

Aは，学習指導要領に例示された第５学年・算数・正多角形の学習，第６学年・理科・電気に関する学習，総合的な学習の時間におけるプログラミング教育など，確実な実施がもっとも強く求められるものである。学習指導要領に例示されたということは，教科書検定対象であり，2020年度の全面実施後の教科書には，プログラミング教育のページが割かれることを意味する。その際の指導方法のレパートリーとして，今後広くさまざまな授業実践が行われる必要があるが，そのための最初の一歩が示されている。

Bは，学習指導要領に例示されていないものの，各教科等での学びをより確実なものとするための学習活動としてプログラミングに取り組むものである。すべての教科等の中に，プログラミング教育の可能性や，その導入による各教科等の学びがより深い学びへ誘われるような実践を，各教科等のさまざまな授業実践の中から広く集めるための最初の一歩が示されている。

Cは，学校裁量として実施するプログラミング教育である。実際は，学校現場に授業時数の余裕があるわけではない。一方，プログラミング教育を各学校がスタートするにあたっては，各教科等に位置付けるのはまだ時期尚早というような「試し打ち」的な実践も多いだろう。まずは一度でも実践してみなければ，プログラミング教育について机上の空論を語るだけになってしまう。したがって，カリキュラム・マネジメントの観点から，まずは「試し打ち」的な実践をCの分類で実施し，その後，それをどのようにして各教科等の授業に持ち込めそうかを検討し，外部人材等の協力や教材の購入などの指導体制の整備を行い，次の機会にはBやAとして実施するように修正していくという，各学校の創意工夫を生かした取組が大切となる。したがって学校現場にとって，このCの分類が存在することの価値は極めて大きい。もちろん，児童の負担には留意が必要である。

Dは，特別活動におけるクラブ活動など，プログラミング教育に興味がある特定の児童を対象とした学習活動である。全児童が対象ではないものの，高学年児童の中にプログラミングに興味が高い，スキル等を身に付けた児童が存在することにつながるので，結果としてAやBやCの授業実践を行いやすくなる。

(3) 教育課程外でのプログラミング教育

AからDまでの分類が教育課程内であったのに対し，EとFは教育課程外である。Eは，公共施設としての学校という場を活用し，土曜日等に社会教育として学校を舞台としたプログラミング教育の学習活動を行うものである。Fは，いわゆる塾やスクール，NPOや大学等によるイベントなどである。

EやFは教育課程外ではあるが，そこで興味・関心の高い児童がプログラミング教育を学ぶ学習機会を得ることは，Dの分類と同様に，最終的には教育課程内の授業の進めやすさに跳ね返ってくる。従来でいえば，たとえばスイミングやピアノ，習字やそろばんなどを習っている児童がいてくれるおかげで，授業中に模範となるような学習成果を披露してもらい，彼らに支援してもらうことによって授業が進行するということは散見されている。故に，地域や企業・団体等においてこれらの学習機会が豊富に用意されることは，学校教育にとっても望ましいことであり，社会に開かれた教育課程の観点からも，EやFの分類にあたるプログラミング教育の学習機会を学校が児童や保護者に適切に紹介することが望まれる。さらには，各教育委員会における生涯学習と学校教育のセクションが連携することにより，このような学習機会の提供を組織的に行うことも可能となる。

なお，「小学校プログラミング教育の手引（第一版）」は，その名称からもわかるように，今後，学校現場における実践がさらに進み，良質な教材等が数多く発行されていった段階で，第二版以降が改訂版として示されることとなっている。

【著者略歴】
1964年熊本県天草生まれ。東京学芸大学卒業，東京工業大学大学院で博士（工学）取得。東京都公立小学校教諭，富山大学教育学部助教授，静岡大学情報学部助教授，独立行政法人メディア教育開発センター准教授，東京大学大学院情報学環客員助教授（併任），玉川大学教職大学院教授，文部科学省参与（併任）等を経て現職。日本教育工学会・副会長。2011年文部科学大臣表彰（情報化促進部門・個人）受賞。
中央教育審議会初等中等教育分科会臨時委員，同教員養成部会臨時委員，同情報ワーキンググループ主査を担当し，新学習指導要領における情報教育の推進に関わる。文部科学省「小学校段階における論理的思考力や創造性，問題解決能力等の育成とプログラミング教育に関する有識者会議」主査として，小学校段階へのプログラミング教育の導入に関わる。
主な著書に，『プログラミング教育導入の前に知っておきたい思考のアイディア』（明治図書，2017），『情報教育・情報モラル教育』（ミネルヴァ書房，2017）など。

茨城県は プログラミング教育で こんな子供たちに育てたい

茨城県教育長
柴原 宏一

「あっ，できた！」
「あっ，動いた！」

こんな感動が子どもたちの知的好奇心に火をつけ，学びの世界へと引き込んでいくのです。

私がコンピュータと出会ったのはもう40年以上も前のことです。まだ，パソコンなどなかった時代に，Fortranというプログラミング言語を用いて一行一行自分でプログラムを書き，そのプログラムを読み込ませるために，プログラム一行ごとに一枚のパンチカードに文字や記号を打ち込んでいく作業が必要でした。カードの最後の頃になって誤ってパンチしてしまうと，そのカードをまた初めから入力し直す必要があり，長いプログラムの時には，本当に大変な作業でした。

しかし，自分が苦労して打ち込んだパンチカードを計算機（当時はまだ“大型計算機”などと呼ばれていました。）に読み込ませ，初めて結果がプリンターからグラフとして描き出されたときの感激は忘れることができません。プリントされる結果がわかっていても，プリントアウトされたグラフを見ると満足感と同時に達成感を味わったことを今でも覚えています。

当時の私が感じたと同じように，子どもたちが自分でいろいろ工夫しながらプログラムをつくり，そのプログラムを実行したときに自分が意図したように「できた！」「動いた！」ときに味わう感動や感激は，その後の学びに向かう動機付けとして，とても大きな力を持っているに違いありません。この感動・感激こそが，プログラミング教育が持っている大きな魅力の一つだと思っています。

そしてまた，プログラミングは，自分が試行錯誤した結果を，目に見える形ですぐに確認できることも大きな特徴であり魅力でもあります。自分で考えたプログラムが，グラフの形やロボットの動きなどですぐに確認できるので，自分の意図する結果にならなかったときは，その場ですぐにその原因を分析し，新たなプログラムを考え，再度動きを確認することができます。つまり，プログラミング教育をとおして，知らず知らずの間に子どもたちには物事を様々な視点から考え，多角的に分析する習慣が身につくことが期待できます。

今回小学校で導入されるプログラミング教育をとおして，教員は子どもたちにどんな力を育むのでしょうか。将来プログラマーを目指す子どもを養成するのでしょうか。

これからのプログラミング教育を考えるとき，ともすると，「プログラミング」という新しい教科ができるのではないか，小さい頃からプログラミング言語を覚えるのではないか，と誤解されがちですが，そうでないことは既にご存じのことでしょう。新たに「プログラミング」という教科ができるわけではありません。小学校でのプログラミング教育で子どもたちに育成すべき資質・能力を，文部科学省は「プログラミング的思考」という言葉で説明しています。「プログラミング的思考」とは，課題解決に向けて論理的に考えていく力のこと，ともいえます。

そして，小学校のプログラミング教育では，常にICT機器を使うわけではありません。もちろん，子どもたちの発達の段階に合わせてICT機器を使った授業も行われます。しかし，ICT機器を使わなくてもできるプログラミング教育もあります。「アンプラグド・プログラミング教育」です。通常の教科の学習の中で，プログラミング的思考を手だてにしてコンピュータを使わずに教科の目標を達成していく授業です。授業では，プログラミングの考え方の一つである「パターン」や「ループ」，「分岐」などの考え方を使って，それぞれの教科で，単元の理解を深めていく授業に取り入れられています。

ICT機器を使わないプログラミング教育の授業実践の例として，茨城県でのいくつかの先進的な取り組みの中には，小学校算数の「くりあがり」の指導にアンプラグド・プログラミング教育の手法を取り入れて子どもたちの理解を図る指導例や，総合的な学習の時間で，教員がいくつかの条件を与えることで子どもたちが自然に分岐の考え方に沿いながら，グループで結果をまとめていく優れた授業実践例もみられます。このように，プログラミング教育の実施を契機に，教え方を含め，学校が大きく変わる可能性があるのです。

今，時代は大きく変化しています。人工知能（AI）

が家電製品にも組み込まれ，AI 搭載車による無人運転の実験など，国を挙げて多くの分野で AI の可能性を探る実験が進められています。そんな中，もう皆さんご存じでしょうが，（株）野村総合研究所は，オックスフォード大学のマイケル・A・オズボーン准教授およびカール・ベネディクト・フレイ博士との共同研究で，日本国内の職業について，それぞれ人工知能やロボット等で代替される確率を試算しました。その結果，今後 10 ～ 20 年後には，今の日本の労働者が就いている仕事のうち，約 49% が人工知能やロボット等で代替することが可能との結果を得ています。つまり，今の子どもたちは，人工知能やロボット等の発達により，自分がどんな仕事に就くのかと見通すことが難しい時代で生きていくことを余儀なくされます。そんな時代を生きていく子どもたちには，もちろん知識・技術も大切ですが，自分の知識・技術を活用して課題を見つけ，それを自ら解決する能力が必要不可欠になります。これからの子どもたちが生きていくために必要なそのような力を育むために，プログラミング的思考は絶対に有効だと思います。

野村総研の研究レポートに次のような表現があります。「創造性，協調性が必要な業務や，非定型な業務は，将来においても人が担う」というものです。見方を変えれば，私たち教員は子どもたちに，「創造性や協調性に加え，非定型な事象に柔軟に対応できる力」を育むことが求められているのです。OECD では，これからの子どもたちに必要な力として，「相互作用的な道具（言葉・知識・情報技術など）の活用能力」「多様性をもつ集団での協働能力」「自律的な行動能力」の三つを挙げていますが，いずれにしても，これからの時代を生きていく子どもたちには，「生きる力」としてこれらの能力が求められているのです。つまり，何らかの目的に必要な知識や技術等の獲得を目的とした学びではなく，汎用能力を育てる学びが求められているのです。求められる学びの形態が変わると言うことは，「何をどう学ぶか」ということも変わると言うことです。そして私たち教員は，常に「どのように学ぶことが子どもたちにとってベストなのか」という問いを念頭に置いて考えることが求められているのです。

これからの時代を生きる子どもたちは，解決策のわからない問題に，果敢に挑戦していくことが求められます。授業でも，従来の解答がある問いだけでなく，決まった解答のないオープンエンド（Open-ended）の問いも必要になってきます。そのような問いに向かわせることで，知識の詰め込みではなく，「なぜそうなるのだろう」という疑問や課題と出会い，その解決に向けた論理的な思考から生まれる創造力を培うことが，これからの教育の課題だと思っています。

具体的な目標を見据えた知識の獲得を目指した授業とは異なり，オープンエンドな学びでは，子どもたちの「やってみたい」「知りたい」といった好奇心とともに，「わかった」「できた」という気持ちが学びのスタートです。そして，課題に立ち向かう中での驚きや発見をとおして達成感・充実感を得ることの繰り返しで学びは継続していきます。主体的に環境に関わることで，分かること・できることが広がっていくのです。そのきっかけとして，プログラミング教育は適していると考えています。プログラミングの入り口として適しているスクラッチやドリトルなどをとおして，「できた」「わかった」「もっとやってみたい」，そういう子どもたちの気持ちの連鎖が期待できるのです。

オープンエンドの授業が増えると，授業の形も変わらざるを得ません。黒板の前に教員がいて，机に座った子どもたちに向かって話をし，子どもたちは教員の話を聞くという教室の様子は大きく変化するでしょう。解答のない課題に対し，子どもたちが試行錯誤しながら取り組む授業においては，教員は「教える専門家」としてではなく「学びの専門家」としての役割が期待されるでしょう。「子どもたちはどう学べば良いのか」を常に考えることが，これからの教員には求められているのです。

更に，全教科で「プログラミング的思考」を育むことを目的として行われる小学校のプログラミング教育を受けて育った子どもたちを受け入れる中学校や高等学校では，技術家庭科や情報科でプログラミングの授業を行うのと同時に，授業の形態そのものを変えることが求められるでしょう。

私はプログラミング教育によって，プログラムの得意な子どもたちが育つことはもちろんですが，「プログラミング」をキーワードとして，小・中・高の授業が真の意味で「主体的・対話的で深い学び」の実現に向かうことを期待しています。

【参考】
小嶋秀樹「AI やロボットは子どもたちの学びを支援するか」『教育と医学』第 775 号（慶應義塾大学出版会，2018）
佐藤学『専門家として教師を育てる』（岩波書店，2015）

【著者略歴】
県立日立北高等学校長をはじめ県教育庁高校教育課長，教育次長などを歴任。茨城大学全学教職センター教授を経て，平成 29 年より現職。

つくば市のこれまでのICT教育とプログラミング教育

つくば市教育局局長
森田 充

1. つくば市のこれまでの ICT 教育

(1) 日本で初めての教育用 PC の利用

つくば市のコンピュータ教育は，約 40 年前の昭和 52 年，竹園東小学校ではじまりました。一斉授業下における学習の個別化を図り，完全習得学習を目指して，マイクロコンピュータを利用した CAI を開発して実践研究を進めてきました（図 1)。例えば，5 年生の分数×整数の自作コースは，「約分」を忘れてしまうとか，「帯分数」に直すのを忘れてしまうとか，問題をやる中で，同じ間違いをしたら，その間違いを修正するためのコースに進むという「メインドリルコース」と「治療サブコース」を制作しました。個の理解に対応した「治療サブコース」の発想は当時ではあまりなかった考え方でした（図 2)。

図 1　日本で初めて教育用 PC を活用した様子

(2) 市内全小中学校ネットワークを活用した協働学習

つくば市では，平成 13 年ごろから市内全小中学校をスタディノートの電子掲示板でつなぎ，学校の枠を超えた協働学習を実施してきました。川の上流，中流，下流にあるそれぞれの学校が水質や魚の調査を行い，川の全容を解明したり，それぞれの学校で実施した職場体験学習を全中学校で共有したり，中学生が考えた算数の問題を小学生が解いたりなど，20 種類以上の協働学習を展開してきました。その中でも各学校にあるプールに生息するヤゴの種類を市内全小学校で調査することで，つくば市の今の環境状態を調べる「プールヤゴ調査」（図 2）は，秋篠宮さまが名誉総裁である日本水大賞で「未来開拓賞」を授賞するなど高い評価を受けています。

図 2　タブレットでヤゴ調査をまとめている児童

(3) つくば教育クラウド「つくばチャレンジングスタディ」

つくばチャレンジングスタディは，つくば市に住む小中学生が家庭や外からインターネットを使って学習ができるシステム。小 1 から中 3 まで，基礎基本・応用・チャレンジ問題など 7 万問が収録されています。マルチデバイス（Windows, iOS, Android）に対応し，PC だけでなく，タブレットからも利用できます。

インターネット環境があればどこにいても学習できるので，家庭で授業の前に予習として利用したり，復習として苦手な問題を繰り返し行ったり，自分のペースで何度でも学習することができます。インターネット環境が無い場合には，学校のコンピュータで休み時間に利用することもできます。ある教科が苦手な子どもは何度も繰り返して学習でき，得意な教科は上級学年の問題を行うこともできます。合理的配慮が必要な子どもに対しても個別に対応することができます（図 3)。

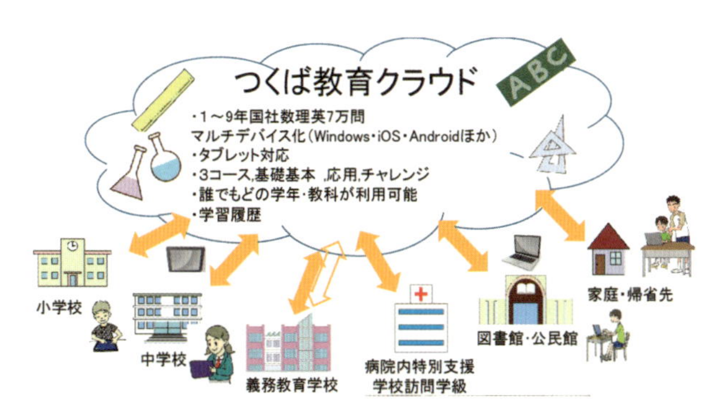

図3　つくばチャレンジングスタディ

(4) つくば7C学習

つくば市では平成28年度より，市内の一人一人全ての小中学生の特性に対応し，自ら未来を切り開くことのできるチェンジ・メイカーの育成を目指して，21世紀型スキルの育成と社会力を高めるためのICT活用教育プログラムを開発し，市内全小中学校で実施しています。

これまでのICT（Information and Communication Technology）の「C」であるCommunicationだけではなく21世紀スキルの育成のため，ICTの「C」に7つの力（Cooperation協働力，Communication言語活用力，Critical thinking思考・判断力，Computational thinkingプログラミング的思考，Comprehension知識・理解力，Creativity創造力，Citizenship市民性）をもたせました。「世界のあしたが見えるまち」のまちづくりの行政サービスとして，市内小中学生20,000人に対して無償でこの教育プログラムを提供しています（図4）。

図4　つくば7C学習

2　未来を切り拓くプログラミング教育

(1) これまでのプログラミング学習

つくば市では，平成28～29年度「文部科学省委託事業　IE-school」を受け，プログラミング教育の推進を図ってきました。まず最初に考えたのが，平成24年度より行っている「つくばスタイル科」の中でのプログラミング学習です。以前よりスタディノートのロボットカー「ビュートレーサー」を利用したプログラミング学習を展開してきたため，その導入実践はスムーズでした。図5は，市内商業施設でロボットカーを使ってプログラミング教室を開催したときの様子です。

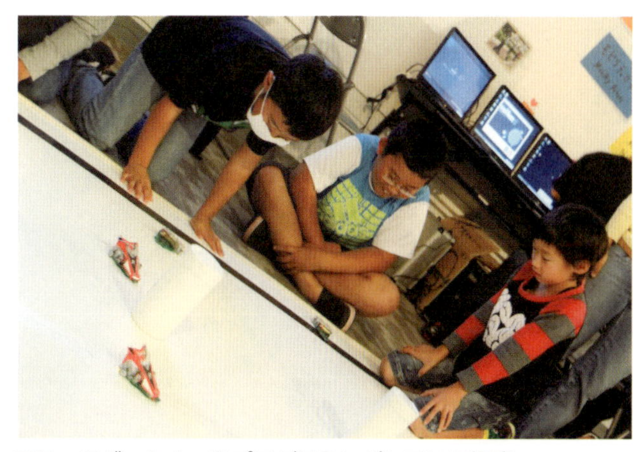

図5　ロボットカーをプログラミングしている児童

(2) 小学校発達段階に応じた各教科プログラミング学習

次に考えたのが，プログラミング学習を教科に組み込むことです。特別な教科の中だけでプログラミング学習を行っていただけでは，自分の生活や学習の中にプログラミングを生かしていくことにはつながっていかない。普段の学習の中で「この場面でプログラミングが使えたらもっとわかる授業ができるのに」，「この実験や調査でプログラミングを使ったらもっと簡単に測定できる」と言うような思考に教師も子供もなって欲しいと考え，小学校段階から発達段階に応じた教科でのプログラミング学習のカリキュラム開発を行ってきました。

本書では，各学年1～2のコアカリキュラムを示していますが，その実践を行うことで，プログラミングとは何かという概念を知ってもらい，教師も子供も新たな場面での利用を創造し，やがては子供から「先生，この実験だったら，あのプログラミングを利用すれば簡単なので使って良いですか」という声を聞きたいと思っています。

【著者略歴】
昭和55年桜村立竹園東小学校教諭。40年前，日本で初めてコンピュータの教育利用を行う。県内公立小中学校に勤務後，茨城県教育庁義務教育課長，学校教育部長を歴任。現在，つくば市教育局局長。

第２章
これならできる
小学校教科での
プログラミング教育 実践編

実践編 ナビゲーション

つくばモデルを徹底解説！

（すべての学校で取り組むプログラミング教育）

玉川大学教職大学院教授
久保田 善彦

1．はじめに

子ども達がAI時代を生き抜くために，**プログラミング教育が始まりました。**つくば市でもすべての学校・すべての学年での取り組みを始めました。つくば市内には，29の小学校及び4つの義務教育学校の小学校に約14500人の児童が在籍しています。すべての子ども達に，単発の活動に終わらない系統的なプログラミング学習を提供するには，どうすればよいのでしょう。プログラミング的思考はどのように捉えるべきか，系統的なカリキュラムをデザインする視点は何か，苦手な教師をどう支援するのか，学校教育以外の取り組みはどうすべきかなど，疑問が次々と出てきます。これらの疑問を丁寧に解決していったのが「つくばモデル」です。

第２章 実践編は，単なる実践事例集ではありません。すべての子ども達に系統的なプログラミング学習を推進する「つくばモデル」について紹介します。また，この章は「つくばモデル」の考え方を解説します。数々の取り組みや考え方は，多くの学校や自治体に参考になるでしょう。

プログラミング教育の必要性

なぜ，プログラミング教育に注目が集まっているのか，何を目指しているのかは，「理論編」p6～19を再度ご覧ください。

2．生活や学びをよりよくするプログラミング的思考

窓を開けて欲しいとき，人間は「窓を開けてください」の一言で行動することができます。ロボットに同じ動きをさせるには，向き，移動距離，腕の上げ下ろしなど細かい命令を順番に伝えないといけません。ロボットへの命令のように，問題や事象を幾つかの部分に分解して考えることが，プログラ

❶米国の学習のユニバーサルデザイン（UDL）を推進しているCASTは「UDLガイドライン Ver.2.0」の中で，一度立ち止まり改めて見直すことを，「認知的スピードバンプ」と名付けています。スピードバンプとは，自動車のスピードを減速させるためのカマボコ型の突起です。よりよい問題解決には，思考のスピードをゆるめ，俯瞰視点になることも必要なのです。この考えは，「メタ認知」と密接に関わります。
http://www.andante-nishiogi.com/udl/index.html

ミングの基本です。単純に細かくすればよいのではありません。目的に応じて適切な大きさ（粒度）で分解することも大切です。これらを考える場面で，プログラミング的思考が働くのです。

プログラミング的思考は，ロボットへの命令だけに限定されないと考えています。生活や学びの様々な場面で役立つ考え方であるべきでしょう。そこでつくば市は，プログラミング的思考を，次のように定義しています。

「理解や解決のために，問題・事象・活動等を
“分解”して“考える”こと」

いつもの何気ない活動も，一度立ち止まり，改めて見直す❶ことで，沢山の要素から成り立っていることがわかります。幾つかの要素に分解することができたならば，順番を考え直したり，必要のない要素を省いたりと，工夫した活動も可能になります。この工夫によって，子ども達はよりよい理解や問題解決ができると考えています。

定義に出てくる“分解”と“考える”を，更に詳しく分類すると以下になります❷。**プログラミング的思考**を，「順次処理（シークエンス）」，「繰り返し（ループ）」，「条件分岐」と規定している学校も多いようです。つくば市は，順次処理や繰り返しは「プログラムの技」と位置づけています。それらは，「③各要素の組み合わせや問題解決の手順を工夫する」こと，つまりアルゴリズム的思考の一部であると捉えています。

＜分解＞

①要素の意味や繋がりを捉え，適切な単位に分解する（分解）。

②各要素を記号化・抽象化する（記号化）。

＜考える＞

③各要素の組み合わせや問題解決の手順を工夫する（アルゴリズム）。

④振り返り改善する（振り返り）。

⑤他の場面でも①～④を活用し問題解決する（活用）。

プログラミング的思考
つくば市のプログラミング的思考の①～⑤は，p34 ～ 81 の各実践のタイトルの下にある「思考」に対応しています。

3. 教科学習を深めるプログラミング的思考

平成 29 年 3 月に公示された学習指導要領は，各教科特有の「見方・考え方」を働かせることを深い学びの鍵としました。例えば，小学校理科の見方は，問題解決の過程における，自然の事物・現象を捉える視点です。考え方は，問題解決の過程における思考です。プログラミング的思考が，問題解決に関わる思考だとすれば，「考え方」と対応します。学習指導要領の「考え方」

❷5つの能力は，英国のコンピュテーショナル・シンキング（CAS 2015）にも対応しています。①分解（Decomposition），②抽象化（Abstraction），③アルゴリズム的思考（Algorithmic Thinking），④評価（Evaluation），⑤一般化（Generalization）　これらの能力は，日本と同じように，単にコンピュータを使った問題解決だけではなく人間だけで問題解決する場合にも応用できるとしています（太田ら 2016）。

Computing at School（CAS）（2015）CAS Computing Progression Pathways KS1（Y1）to KS3（Y9）by topic. http://community.computingatschool.org.uk/resources/1692（参照日 2018.04. 10）.

太田剛 森本容介 加藤浩（2016）諸外国のプログラミング教育を含む情報教育カリキュラムに関する調査，日本教育工学会論文誌，40（3），pp.197-208.

は，教科特有の問題解決に関わる思考であるのに対し，プログラミング的思考は，教科の枠にとらわれない汎用的な「考え方」といえます。

プログラミング教育のねらいは，プログラミング的思考の育成だけではありません。小学校プログラミングの手引き（第二版）（文部科学省 2018）では，①プログラミング的思考だけでなく，②プログラムの働きの良さを知り，生活に生かそうとする態度，③教科等での学びを確実にすることの３つが示されています。例えば，５年生の正多角形の学習は以下のように考えられます。①プログラミング思考は，繰り返しなどのアルゴリズムを記号で表現すること（内角を外角に変換することも記号化や抽象化かもしれません）。②プログラムの働きの良さは，試行錯誤ができるシミュレーションの良さに気づくこと。③教科等の学びは，ｎ角形のｎを増やすことで円の性質と関連付けることや，変数に着目できることと捉えることができます。

教科や単元によって３つのバランスや関係性は異なります。しかし，３つのねらいを常に意識して教材研究をおこない，実践を評価すべきでしょう。つくば市は**プログラミング学習のねらい**を「教科のねらい」と「プログラミング学習のねらい」に分けています。教科のねらいは，プログラミング学習による教科学習の深まりについてまとめています（ここでの深まりは，整理，定着，活用，深化なども含まれます）。プログラミング学習のねらいは，教科学習に①～⑤のプログラミング的思考がどのように働くのかをまとめています。

プログラミング学習の2つのねらい
p34 ～ 65 の「2－1 これならできる小学校教科でのプログラミング教育 必修編」のねらいは，「教科のねらい」と「プログラミング学習のねらい」に分かれています。

4. プログラミングのスキルと思考を同時に育成

第４次産業革命を支える「IoT」「人工知能」「ビッグデータ」などの研究・開発や，それらを利用できる社会や人材の育成には，プログラミング的思考だけでなく，プログラミングスキルも要求されます。つくば市は，どちらかを重視するのでなく，コンピュータを使いプログラミングスキルを習得する中で，プログラミング的思考を育成することを第一に考えています。既に，**全小中学校，全学年において長年にわたり先進的な ICT 教育を実践している**ことを背景に，小学校１年生からコンピュータを使ったプログラミング教育を実施しています。詳しくは，次の章を参考にしてください。

プログラミングで培ったプロ

つくば市の ICT 教育
つくば市の ICT 教育は 40 年の歴史があります。これまでの取り組みについては，p18 ～ 19 をご覧ください。以下の HP も参考になります。
http://www.tsukuba.ed.jp/~ict/?page_id=102

❸コンピュータを使わず，プログラミング的思考を育てる方法です。これらは，電源を使わない（コンピュータの電源プラグがコンセントに差し込まれていなくてもできる）ため，アンプラグドコンピューティング，アンプラグド教材と呼ばれています。例えば，以下の書籍があります。

リンダ・リウカス（2016）『ルビィのぼうけん こんにちは！プログラミング』，翔泳社．

小林祐紀 兼宗進（2017）『コンピュータを使わない小学校プログラミング教育』，翔泳社．

グラミング的思考は，生活や学びに生かすことが大切です。そこで開発しているのが，アンプラグド教材[3]です。例えば，**家庭科の調理実習**では，コンロの数，包丁の数，時間などの制約の中で，3～4品の料理を調理します。各料理の手順を分解し，その要素を見通しを持って組み合わせることで，温かい料理が提供できます。組み合わせの目的は温かさだけではありません，班ごとに速さや味などにこだわりを持ちながら，調理手順を検討しています。生活や学びの改善を目指したアンプラグド教材です。このように調理を考えると，ご家庭で料理を手際よく作っている主婦や主夫の皆さんは，高度なプログラミング的思考の持ち主であることがわかります。

ただし，つくば市は，アンプラグド教材だけに頼ったプログラミング的思考の育成は考えていません。アンプラグド教材は，コンピュータを使ったプログラミング学習の成果を生かしたり，深めたりするものだと考えています。

家庭科の調理実習
調理の最適化をはじめとするアンプラグド学習は，p68，p71を参照してください。

5. 6年間を見通した系統的なカリキュラム

つくば市は，6年間を見通した**系統的なプログラミング教育**を展開しています。図は，主に教科学習と連動したプログラミング学習のモデルカリキュラムです。

低学年・中学年は，画面上のキャラクタを動かすなど，コンピュータ内で完結できるプログラミングが中心になっています。高学年は，センサーやモーターを接続し，コンピュータの外となる実世界の計測や制御ができるプログラミングも経験します。センサーボードは主に，マイクロビット（Micro:bit 教育財団）[4]を利用しています。

系統的なプログラミング教育
p30の「発達段階に応じた小学校教科でのプログラミング学習系投表」を参照してください。

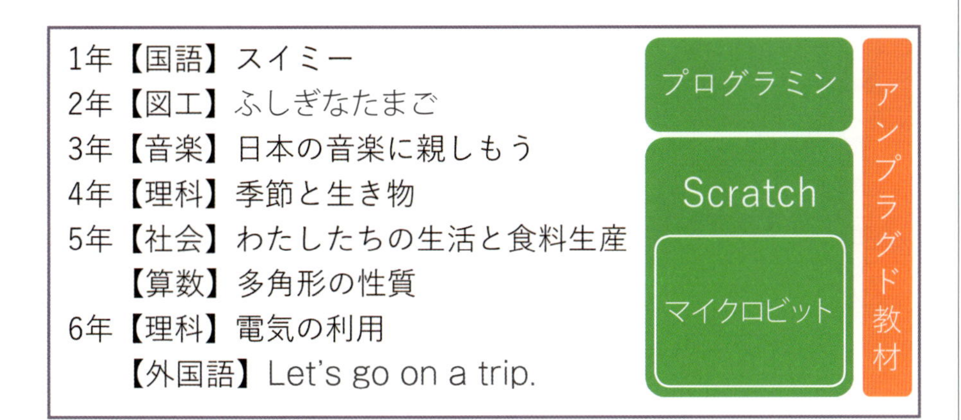

プログラミング言語は，プログラミン[5]（1～2年），スクラッチ[6]（3～6年），JavaScript ブロックエディター[7]（5～6年）を利用しています。

❹マイクロビット（micro:bit）は，英国のBBCが主体となって作った教育用センサーボードです。1つ2000円程度で購入できます。25個のLED，2個のボタンスイッチ，加速度センサ，磁力センサ，無線通信機能などを搭載しています。http://microbit.org/ja/

❺プログラミンは，文部科学省が開発した，子供向けのWebプログラミングアプリケーションです。インターフェイスの設計は，スクラッチ（Scratch）を参考にしています。命令の選択などスクラッチより簡単です。そこで，つくば市は，まずはプログラミンでスクラッチ型のインターフェイスに慣れ，次にスクラッチでより高度なプログラミングに移行します。

❻スクラッチは，MITメディアラボが開発したプログラミング言語です。ブロックを組み合わせるビジュアルプログラミングです。日本語をはじめ多くの多言語に翻訳されているため，世界中で使われています。幾つかのバージョンがありますが，つくば市では，「Scratch 2.0」を使っています。自分の作ったプログラミングを，Web上で公開することもできます。https://scratch.mit.edu/

すべてが，スクラッチに似たビジュアルプログラミング言語なので，同様の操作でプログラミングができます。JavaScript ブロックエディターは，マイクロビット用の言語です。テキストベースプログラミングに発展させることも可能です。

モデルカリキュラムを実施する前後で，プログラミング学習の意欲について質問をしました[8]。その結果が，以下のグラフです。すべての項目で意欲が向上しました。児童は特に，プログラミング学習を好意的に受け止めていると同時に，プログラミングは教科や生活に役立つと感じていることがわかります。

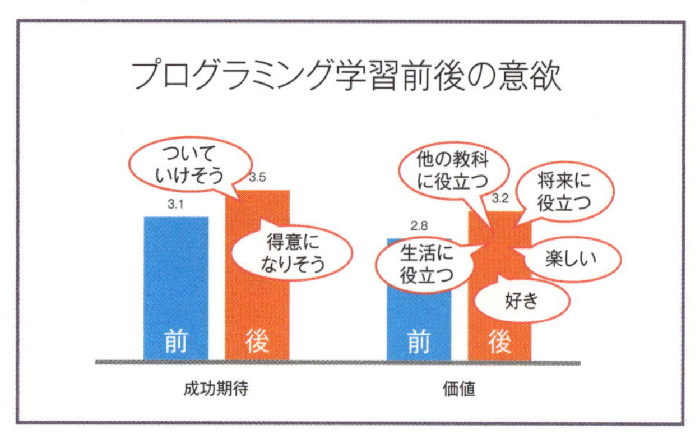

この他に，コアカリキュラムを応用したり発展させた，**各学校独自の取り組み**が多数あります。

つくば市は，中学校区で学園を組織し，9 年間の一貫教育を進めています。今後は 9 年間を見通したカリキュラム[9]を計画しています。

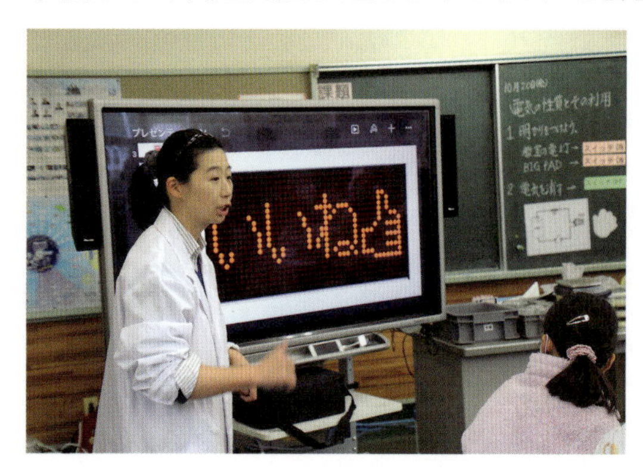

各学校独自の取り組み
p68 ～ 81 の「2 − 2 これならできる小学校教科でのプログラミング教育 応用編」をご覧ください。ビスケット，マインクラフト，ボーカロイドなどのプログラミング言語も使いながら，多様な活動を展開しています。

6．プログラミング教育こそカリキュラム・マネジメント

プログラミング教育は始まったばかりです。【コアカリキュラム】と称したモデルプログラムを策定していますが，計画と学習者や教師の実態が離れ

❼マイクロビット用のプログラミング言語が，Javascript ブロックエディターです。スクラッチと似たインターフェイスです。テキストベースプログラミング（Javascript）に発展させることも可能です。ブラウザで動くので多くの OS に対応しています。また，Windows アプリ（Windows10 の PC 専用）も用意されています。このアプリを使うと，マイクロビットへのプログラムの転送が簡単になります。

❽以下の文献を参考に，成功期待 6 項目，課題価値 16 項目の学習意欲に関するアンケートを作りました。
岡崎善弘 大角茂之 倉住友恵 三島知剛 阿部和広（2017）プログラミングの体験形式がプログラミング学習の動機づけに与える効果，日本教育工学会論文誌，41（2），169-175.

ていることもあるでしょう。子ども達も教師も，学年進行に伴い加速度的にプログラミングスキルが向上する可能性もあります。もちろん，総合的な学習や応用編の実践との連携も変化します。更には，時代の変化に伴いプログラミング環境（プログラミング言語やセンサーボード）も変わることでしょう。これらの課題に迅速に対応するのが，カリキュラム･マネジメントです。

各学園のカリキュラム・マネジメントをサポートするために，つくば市は幾つかの手立てを用意しています。第一に，コアカリキュラムの改善です。つくば市の各中学校区からICT推進委員が選出されます。これまでICT推進委員は，**情報活用能力**の整理分析や，各学園の実践を活性させてきました。今後，ICT推進委員は，市内のプログラミング教育実践を，毎年評価し，コアカリキュラムを改善する予定です。

第二に，学校を越えて各実践を交流させ，そこでの気付きをカリキュラム･マネジメントに生かす取り組みです。例えば，毎年発行している実践事例集❿は市内すべての学校の実践が掲載され，次年度の取り組みの参考になります。市内全体が，同一のカリキュラムであることを生かし，プログラミングの成果は，**電子掲示板やプログラミングプレゼンテーション**で交流しています。

7．児童も教師も学ぶチュートリアル教材

これまでの教師の役割は，自身が理解している内容を，児童・生徒に理解させること（伝えること）でした。教師は，児童・生徒以上の知識や技能を身につけていることが前提です。しかし，多くの教師はプログラミングの知識や技能を持ち合わせていません。今，全国の教師は，プログラミング教育に不安を感じています。その不安は，伝えるべき知識や技能が不足していることが原因です。

プログラミングの授業を成立させるには，教師の持つ教授・学習観を変えていく必要があるでしょう。知識を持った教師が一方的に教えるのでなく，教師も学習者として，児童・生徒と一緒に学ぶことが大切です。

つくば市は，すべての教員がプログラミング教育に関われるように，コアカリキュラム用の**チュートリアルビデオ**とワークシートを開発しています。

教師は，子ども達にプログラミング環境と学習者用ワークシートを用意します。教師も子ども達と一緒に，チュートリアルビデオを見ながら，プログラミングを学びます。ビデオは，問題解決的な授業となるように作成されています。お互いに試行錯誤をしながら進めます。時には，教師と児童の役割が逆転することもあるかもしれません。そんな関係を目指しています。

ICT推進委員が整理分析した情報活用能力

p82～95ページの「育成を目指す情報活用能力の一覧表」をご覧ください。

電子掲示板やプログラミングプレゼンテーション

p76，p81をご覧ください。他者との交流は，児童・生徒の意欲と創造性を高めると共に，教師の授業改善の手がかりになっています。

チュートリアルビデオ（教材）

p31～32の「これなら苦手な先生も楽しくできるプログラミング学習」をご覧ください。

❾高学年は光や音のセンサーを接続し，LEDの点灯と連動させたり，ロボットカーのモーターの動きを制御する学習を取り入れています。これは，中学校学習指導要領の技術・家庭領域にある「(3) 生活や社会における問題を，計測・制御のプログラミングによって解決する活動を通して，次の事項を身に付けることができるよう指導する。」の基礎となる活動と考えています。

❿毎年発行される実践事例集は，つくば市総合教育研究所のWebサイトからダウンロードできます（以下のURLは，今後変更になる可能性があります）。

http://www.tsukuba.ed.jp/~ict/?page_id=66

このような学習において教師に必要なのは，プログラミングの能力ではなく授業のねらいとゴールを理解し，子ども達を導くことです。そのための教師用解説書が本書です。

8．エキスパートを育成するプログラミングキャンプ

各地のスーパーに無人レジが導入されたことからもわかるように，人口知能は急速に発展し，社会構造も変化しています。AI との関係は，AI に使われる人間，AI と共存する（使いこなす）人間，AI を作る人間に大きく分類することができます。プログラミング的思考やプログラミングの基本スキルの習得は，人間が AI と共存するために必要な力でしょう。一方で，AI を作る人材やイノベーションをおこす高度な人材の育成も必要になるはずです。

つくば市には，非常に優れたプログラミング能力を持つ児童・生徒が多数在籍しています。学校のプログラミング学習によって関心を高め，より高度な活動を期待している児童・生徒もいます。これらの児童・生徒の中から，AI を作る人材，イノベーションをおこす人材が生まれる可能性は大いにあります。

つくば市は，プログラミングの**エキスパートを目指す子ども達**のために，近隣の大学や企業と協力した講座を開催しています。昨年度は，一人一台の小型 Linux サーバ（Raspberry Pi）⓫を使い，サーバ構築やインターネットセキュリティを学ぶ講座を開催しています。また，学校のプログラミング学習を発展させた講座（つくばキッズプログラミングフェスタ）を開催しています。夏休みの長期休業を利用することで，試行錯誤の時間が十分に確保でき，創造的な活動になります。

エキスパートを目指す子どものための講座
詳しくは p79 をご覧ください。

夏休みの体験研修
詳しくは p78 をご覧ください。

⓫ラズベリーパイ（Raspberry Pi）は，英ラズベリーパイ財団が開発した超小型のシングルボードコンピュータです。プログラミング教育にも使われます。

プログラミングは，入力された（決められた）情報だけにしか反応しないなど，**特別支援児**の特性に合致する場合もあります。高いプログラミング的思考を持つ特別支援児も沢山いるはずです。つくば市は，特別支援児の能力の伸長を目的とした，プログラミング教育の開発にも力を入れています。

特別支援教育におけるプログラミング教育
自立支援の活動は p75 をご覧ください。

9．おわりに－ AI 時代の学校教育－

AI 時代に生きる学習者のために，プログラミング教育が導入されました。その目的は，プログラミング的思考を身につけることです。「人間にしかできないこととコンピュータが得意なことを見極める」ことも目的に加えてはどうでしょうか。

AI の「東ロボくん」が，東大合格を諦めたニュースは記憶に新しいことと思います。東ロボくんは，定型の問題であれば高得点を期待できますが，物語の情景や心情を回答することは困難のようです。コンピュータは，同じことを，間違えることなく何度でも行うことや，沢山の情報を保存し検索することが得意です。しかし，東ロボくんのように，意味を深く理解しないといけないことを聞かれると，とたんに難しくなります。意味を深く理解し判断することは，人間が得意とする活動なのです。

現状はどうでしょうか。東ロボくんのプロジェクトリーダーである新井氏（国立情報学研究所社会共有知センター）は，児童・生徒は，コンピュータと同じように「キーワードとパターンで解いている子，読んでいる子」が多いとしています[12]。コンピュータと同じ活動をしていては，その力はすぐに AI に取って代わられてしまう時代です。これからの教師は，プログラミングや ICT の有無，新学習指導要領の実施等に関わらず，**思考・表現・判断を育む質の高い教育**を提供すべきでしょう[13]。

思考・表現・判断を育む学習
つくば市は「7C 学習」として，思考・表現・判断を育む学習を推進しています。詳しくは p19 をご覧ください。

⑫新井紀子（2017）プログラミング教育なんてやっている場合ではない─高校までに必要な本当の学力，https://edtechzine.jp/article/detail/170（参照日 2018.01. 10）．

⑬つくば市は，21 世紀型スキルの育成を目指し「つくばスタイル科」を創設したり，すべての教科で ICT を活用した思考・表現・判断を育む教育を推進しています。

つくば市教育総合教育研究所編著（2016），『アクティブ・ラーニング「つくばスタイル科」による 21 世紀スキルの学び』，東京書籍．

発達段階に応じた小学校教科での
プログラミング学習系統表

プログラミング教育は，小学校の教育課程内においては，イベント的な行事で行うだけでなく，教科の中に目的を位置づけ，系統的に学んでいくことが大切です。そこで，初めてプログラミング教育を行う教員のために，１年生から発達段階に応じたプログラミング教材の選定と教材開発を行いました。以下は，つくば市の全小学校で実施するモデルプランです。

【コアカリキュラム】

発達段階に応じた系統的なプログラミング学習

学年　教科	タイトル
本時で育成する情報活用能力	
1年　国語	プログラミンで「音読の場面絵」をつくろう
物語の好きな場面を「選択」し，登場人物の気持ちや様子を考えながら自分なりに「解釈」して音読に合う背景をプログラミングでアニメーションにすることができる。	
2年　図工	プログラミンで「アニメーション」をつくろう
たまごから生まれてくるものを「想像」して，たまごの模様や生まれたものをプログラミングアニメーションに表すことができる。	
3年　音楽	スクラッチで「せんりつづくり」をしよう
旋律をスクラッチでプログラミングし，聴き合い，友達と意見を出し合っていく中で，よりよいお囃子にしていくために論理的に考えて解決することができる。	
4年　理科	スクラッチで「季節と生き物」の特徴をまとめよう
「季節と生き物」に関して収集した情報を自分なりに解釈し，クイズを作成するためのシーケンスを理解しながらプログラミングを通してまとめることができる。	
5年　社会	スクラッチで「食料生産地クイズ」をつくろう
単元を通して調べた食料品の産地について調べたことを，スクラッチを効果的に活用し，クイズをつくることで，内容を身につけることができる。	
5年　算数	スクラッチで「正多角形」をつくろう
自分が意図した正多角形をかくためにはどのような動きの組み合わせが必要か，どのように改善していけばよいかを考え，様々な正多角形をかくプログラムを作成することができる。	
6年　理科	マイクロビットで「電光掲示板」をつくろう
プログラミングを利用した教材などを適切かつ安全に使って電気の性質や働きを調べ，その仕組みや結果を科学的に分析することができる。	
6年　外国語	スクラッチで「観光案内」をしよう
おすすめの国の紹介をするために，その国の食べ物や動物・世界遺産などの自然や建物を調べ，スクラッチを効果的に活用し，プレゼンテーションすることができる。	

教師用チュートリアルおよび学習者用ワークシートの使い方

1 プログラミング学習の準備をしましょう。

各学校でプログラミング学習を行うために，まず下記の指導案・教師用解説（本書）・学習者用ワークシート・チュートリアルビデオを用意しましょう。

また，チュートリアルビデオを再生するための電子黒板や大型提示装置と児童が実際にプログラミングを行うための PC やタブレットを用意しましょう。

【指導案】

【教師用解説（本書）】

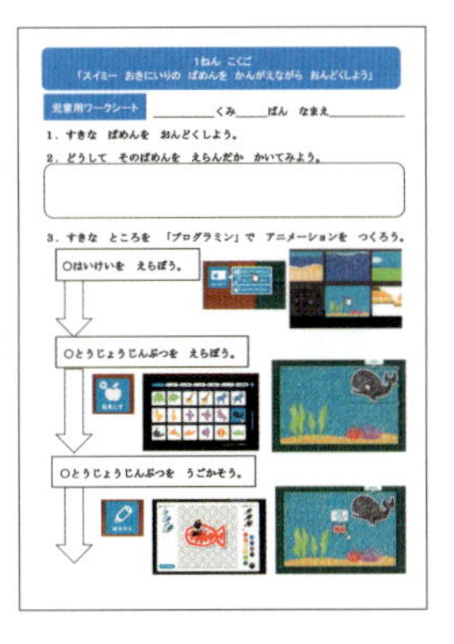

【学習者用ワークシート】

【チュートリアルビデオ】

ビデオ …チュートリアルビデオを使用できる実践には動画マークがあります。

2 さあ，プログラミング学習をやってみましょう。

❶ 教師がプログラミング教材を覚えなくても大丈夫。

「今から覚えるのは大変」「そもそもプログラミングをやったことがない」と不安に思っている先生方が多いでしょう。そんな先生でも，この本があれば大丈夫です。まず，「教師用解説」を読んでください。ねらい，単元計画，本時の流れについて解説しています。本時の流れは会話文で書いています。授業中の子供たちとのやりとりをイメージしながら読んでください。全てを理解する必要はありません。どの場面で子供たちにワークシートを記入させたり，パソコンを使ったりするのかを確認する程度で大丈夫です。プログラミングは，子供たちと一緒に学習しながら覚えていきましょう。

❷ チュートリアルビデオを電子黒板や大型提示装置に映し出しましょう。

つくば市総合教育研究所
https://www.tsukuba.ed.jp/~programming/

チュートリアルビデオは，つくば市総合教育研究所のYouTubeチャンネルにアップされています。教師用チュートリアルにあるURLまたはQRコードからアクセスし，「学年」もしくは「単元名」で動画を検索してください。

❸ チュートリアルビデオを見せながら学習を進めさせましょう。

子供たちには，ビデオを見せながら学習を進めていきます。

スクラッチとマイクロビットに対応するサンプルプログラムをダウンロードすることできます。教師は，サンプルプログラムで事前に動きを確認するとよいでしょう。児童に配布すれば，必要な情報を変更するだけでプログラムを完成することができます。目的に応じて利用してください。

❹ 時数は，教科と総合的な学習の時間を組み合わせましょう。

ここで取り扱っているプログラミング学習は，教科のねらいを達成するために行っています。そのため，プログラミング学習ではありますが，教科としてカウントできます。しかし，コンピュータ操作などで時数が足りなくなる場合は，総合的な学習の時間をプログラミング学習としてカウントしましょう。

3 教材はフリーです。どんどん改良して利用してください。

この教材は，学校関係者や子供たちは無料で利用できます。指導案・ワークシートは，YouTubeの動画画面の下にリンク先が表示されます。こちらからダウンロードしてください。この教材はまだまだ開発途上です。改善を進めていきますので，利用しての感想などをお寄せいただければ幸いです。

第２章 − 1

これならできる 小学校教科での プログラミング教育 必修編

プログラミンで「音読の場面絵」をつくろう

1年国語	「スイミー」	言語等	プログラミン
		思考	分解　アルゴリズム
		学習形態	1～2名で1台

ねらい

●教科のねらい

スイミーの単元目標は「物語の中から自分の好きなところを見つけ，音読で表現することができる」である。言語活動として「物語の好きなところを音読する」ことができる。論理的な根拠をもとに好きな場面を選ぶことができる。さらに，プログラミングによる場面絵を作成することで，場面の情景や心情を捉え，深い理解に基づいた音読をすることができる。

●プログラミング学習のねらい

自分の音読したい場面を選択しアニメーションにするために，物語を場面ごとに分解する。アニメーションで色や動きを細かく設定することで，場面の情景や心情を細かく表現することができる。分解した要素をアニメーションで組み合わせ，意図した場面に再構できるようにする。

単元計画

1.学習課題を確かめて，学習の見通しを立てる。
- 「スイミー」を通読し，初発の感想を交流する。
- 登場人物の設定を把握する。

2.スイミーの行動や会話などを手がかりに，場面を分解する。
- 場面ごとの情景や心情を文章から読み取る。

〈本時〉

3.物語の中から好きなところを見つけ，場面の様子やそのときのスイミーの気持ちを想像し，場面絵をプログラミンで作成する。
- スイミー以外の登場人物の様子もプログラミングする。

4.作成した場面絵を使って物語の好きなところを音読で発表し合い，感想を文章にして伝え合う。

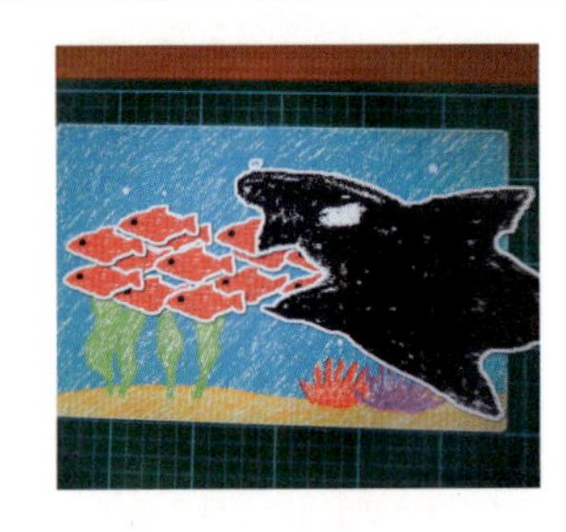

5.物語の好きなところを選んで，様子を想像しながら音読できたか振り返る。
- アニメーションに合わせて，音読の仕方を工夫する。

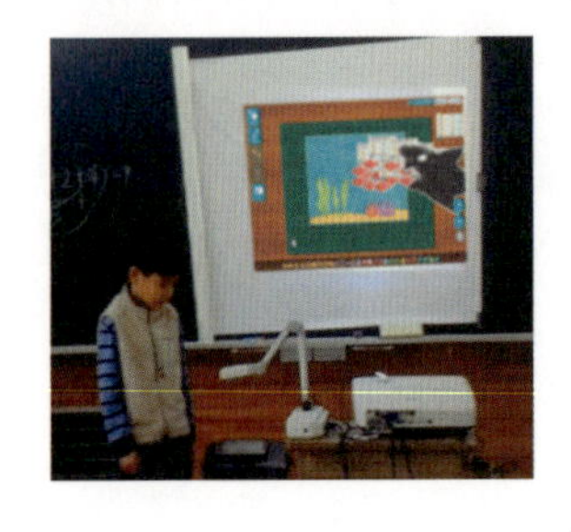

実践例

指導案・ワークシートは，YouTube の動画画面の下に，リンク先が表示されます。
こちらからダウンロードしてください。

https://www.tsukuba.ed.jp/~programming/

やってみよう！

ビデオ　ビデオを見ながら実際にやってみよう！

導　入　自分の好きな場面を選んで音読しよう

★今日は国語「スイミー」の「すきなばめんをおんどくしよう。」を行います。
　みなさん自分の好きな場面を音読しましょう。
★音読できましたね。
★どうしてその場面を音読しようと思いましたか。
　ワークシートにその理由をかきましょう。
★それではみなさんが選んだ理由を表せるように，場面を
　アニメーションにします。
★今日は「プログラミン」を使って，アニメーションをつくります。
★それでは「プログラムをつくる」をクリックしてください。

★この画面になったら「新しいプログラムをつくる」をクリックしてください。

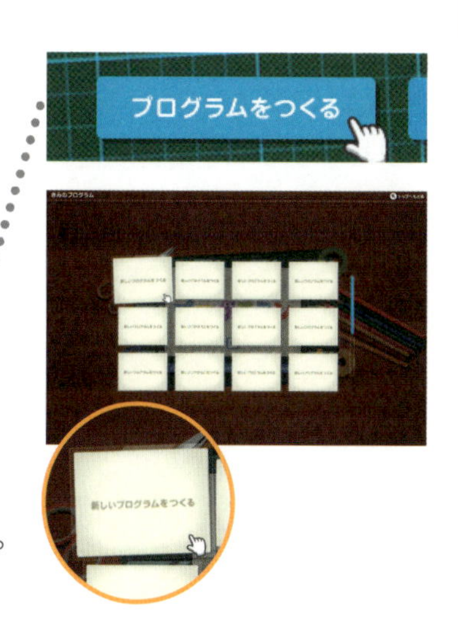

展 開　「プログラミン」を使って場面のアニメーションをつくってみよう

★最初の画面に犬がいますが，今回は使わないので消しましょう。犬をクリックして選択し，次にゴミ箱をクリックします。

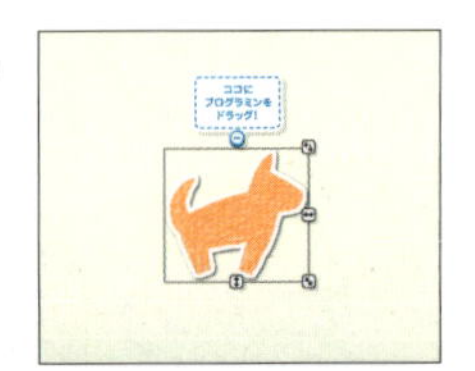

他教科・他学年との関連

他学年での国語「物語教材」において同様な場面で活用することができる。

STEP1 背景を選んで場面を設定する

★まず，背景を変えます。「はいけい」をクリックすると，「はいけいをえらぶ」が出てきますのでクリックしてください。

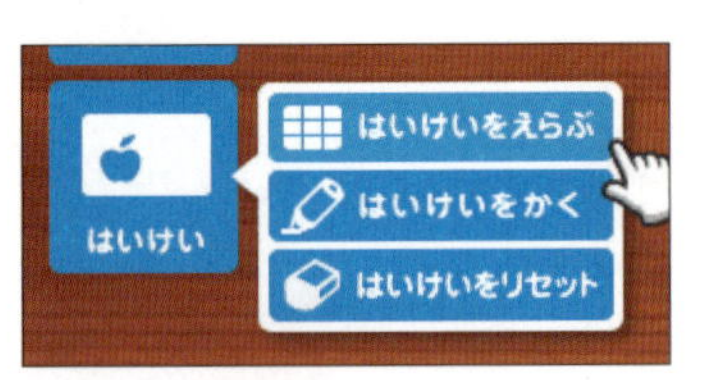

★その中からスイミーの場面に合う背景を選びましょう。

★次にお話に登場する登場人物を選びます。
★新しい絵を追加するときには「絵をたす」を押して「いきもの」をクリックしてください。
スイミーに合う絵を探しましょう。
今日は大きな黒い魚を表すのに鯨を使います。
★魚の位置を移動したいときにはドラッグしてください。

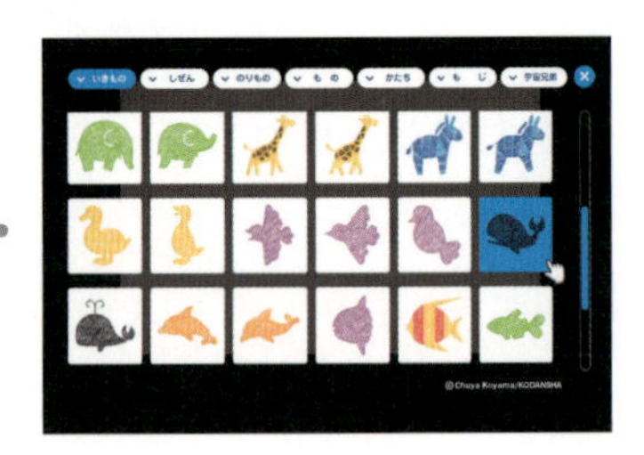

STEP2 登場人物をかく

★小さな魚たちをかきます。
★「絵をかく」をクリックしてください。
小さな魚をかきたいときは，ペンと色を選びます。
マウスやタッチペンを使って魚をかいてみましょう。
魚ができたらOKを押してください。

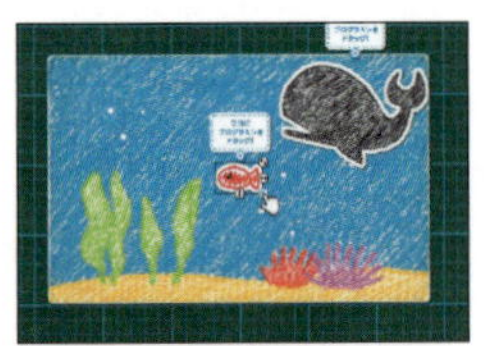

★では，かいた魚を小さな魚に変えましょう。
★クリックすると範囲指定ができるので，かいた魚を指定して小さくします。
★続いて黒い魚を動かしましょう。
★魚を右から左に動かしたいのでヒダリンをクリックします。
大きな黒い魚の上に「ここにプログラミンをドラッグ！」と表示されているのでヒダリンをドラッグします。

★「さいせい」しましょう。
もっと魚を動かしたいときは，「100 左にうごかす」の数字を200にしてみましょう。200にして再生すると黒い魚が左に動いて小さな魚が隠れるので，食べられたように見えます。

STEP3 登場人物に動きを付ける

★小さな魚たちを左に逃げていくようにします。

★「絵をコピー」をクリックして小さな魚を増やします。

ここで一度再生します。

黒い魚が小さな魚に追いつかないときは,

「1 秒で 200 左にうごかす」の数字を400に変えましょう。

黒い魚が小さい魚に届きます。

★大きな魚に食べられてしまうので，小さな魚たちは「左にうごかす」の次に「消える」という命令をしましょう。

<u>ミエルン</u>を使って「かくす」を選びます。

まとめ　自分の好きな場面のアニメーションをつくってみよう

★同じ動きをする小さい魚をたくさんつくるには，命令が入った魚をコピーし，食べられそうな位置に動かします。

★大きな魚が小さな魚を食べてしまうアニメーションをつくることができました。

では，自分の好きな場面を選んで，アニメーションをつくりましょう。

プログラミング教育のポイント

アニメーションで表現するとき，文中から読み取った心情や情景を論理的に捉え，登場人物の動きの速さや色，大きさで詳しく表すようにしましょう。また，イメージが違うときは，何度もやり直しができることもプログラミングのよさです。

ワークシート

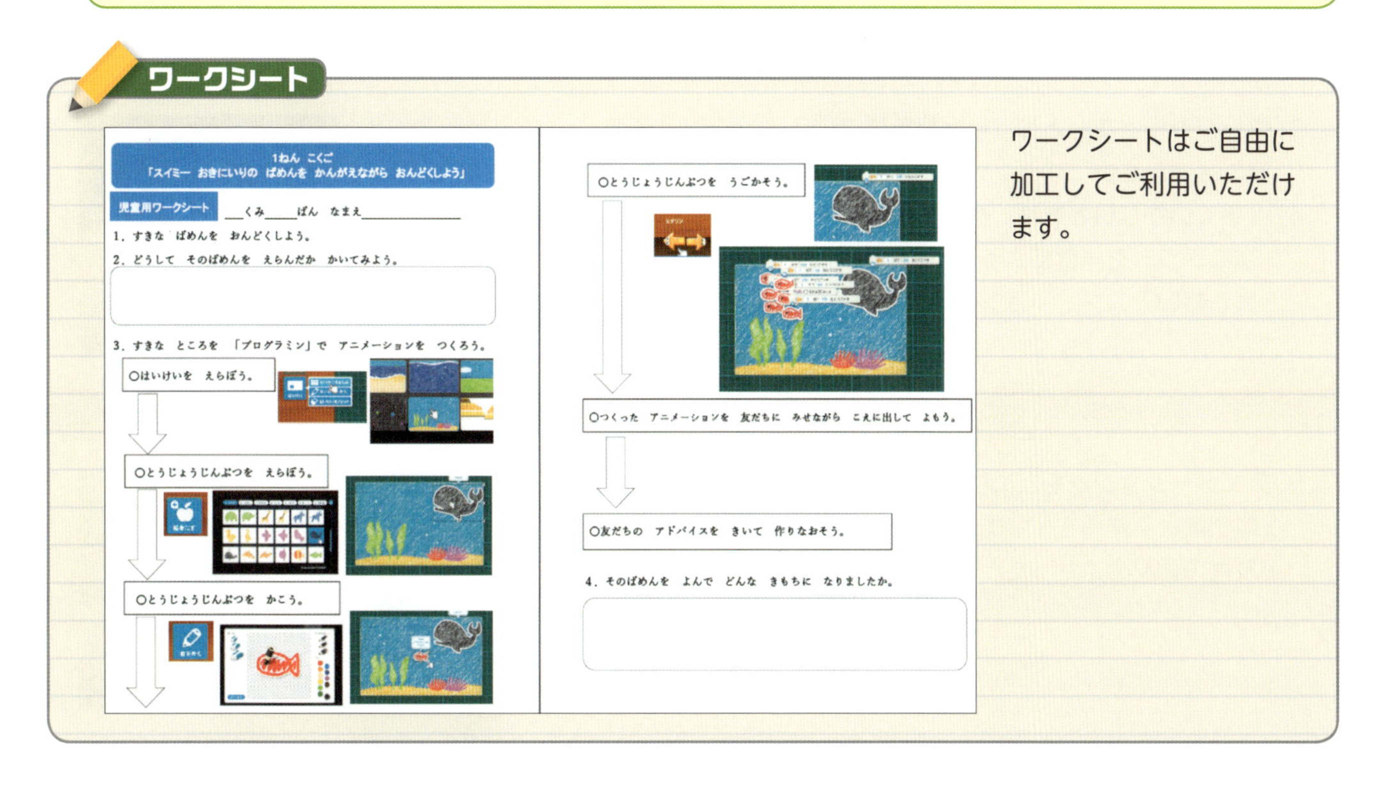

1ねん こくご
「スイミー おきにいりの ばめんを かんがえながら おんどくしよう」

児童用ワークシート　＿くみ＿ばん なまえ＿＿＿＿

1．すきな ばめんを おんどくしよう。

2．どうして そのばめんを えらんだか かいてみよう。

3．すきな ところを 「プログラミン」で アニメーションを つくろう。

○はいけいを えらぼう。

○とうじょうじんぶつを えらぼう。

○とうじょうじんぶつを かこう。

○とうじょうじんぶつを うごかそう。

○つくった アニメーションを 友だちに みせながら こえに出して よもう。

○友だちの アドバイスを きいて 作りなおそう。

4．そのばめんを よんで どんな きもちに なりましたか。

ワークシートはご自由に加工してご利用いただけます。

プログラミンで「アニメーション」をつくろう

2年図工	お話大好き！「ふしぎなたまご」	言語等	プログラミン
		思考	分解　アルゴリズム
		学習形態	1人1台

ねらい

●教科のねらい

「たまごから生まれてくるもの」から発想を広げ，たまごの模様，生まれるものなど，イメージを膨らませて作品をつくる。児童は，たまごから生まれてくるものを想像し，そこからイメージを広げてたまごの模様を考えたり，生まれたものをかいたりする。プログラミングによって生まれる，出てくるといったイメージを動的にとらえ，表現できる。動的イメージを実現する喜びや，表現する楽しさを味わわせたい。

●プログラミングのねらい

動的なイメージを表すためにプログラミングによってアニメーションづくりを行う。たまごから生まれてくるまでの動きを分解する。次の動作を考えることは，創造を膨らませることにつながる。動作を組み合わせることは，創造の苦手な児童の手助けにもなる。

単元計画

1.「ひみつのたまご」のお話を聞き，たまごから何が生まれるか想像する。

フローチャートに生まれるまでの様子を表す。

2.生まれてくるものを想像し，たまごの色や模様を細かく設定する。

プログラミンのコマンドを，分解した場面絵にかき込む。

〈本時〉

3.ワークシートをもとに，場面絵をプログラミンで作成する。

アニメーションにするために，見える，かくすを細かく設定することを伝える。

4.上手くいかないときは，ペアやグループなどで相談し合って解決していく。

・プログラムを見直すように伝える。
・表したいアニメーションの動作を細かく分解して考える。

5.アニメーションをもとに物語をつくり，プレゼンテーションする。

・電子黒板で作品を紹介する。
・友達の作品のよかったところを伝え合う。

実践例

指導案・ワークシートは，YouTube の動画画面の下に，リンク先が表示されます。
こちらからダウンロードしてください。

https://www.tsukuba.ed.jp/~programming/

やってみよう！

ビデオ　ビデオを見ながら実際にやってみよう！

導　入　このたまごから何が生まれるか想像しよう

★今日は図工「お話だいすき！ひみつのたまご」です。
（教科書を）見てください。たまごの中から何が生まれるか想像しましょう。
★何が生まれてきそうですか？　想像できましたか。
★生まれてきたものはどんなものですか。どのように生まれましたか。
どんな形で，どんな色で，どんな動きをするのでしょうか。
ワークシートにその絵をかいてみましょう。

★みなさんが想像した場面を，アニメーションにします。
★今日は「プログラミン」を使って，アニメーションをつくります。
★それでは「プログラムをつくる」をクリックしてください。
★この画面になったら「新しいプログラムをつくる」をクリックしてください。

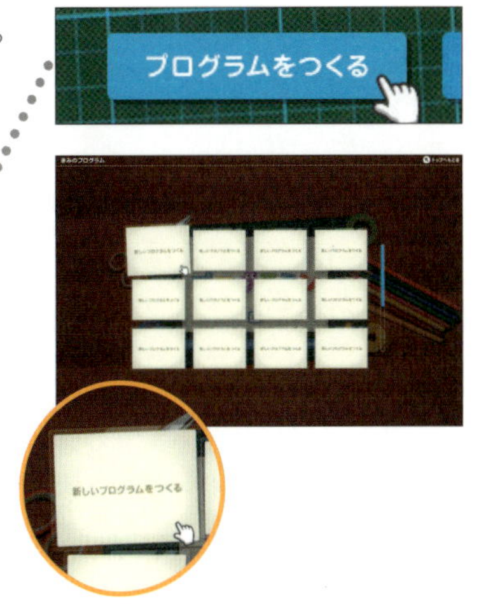

展　開　「プログラミン」を使って場面のアニメーションをつくってみよう

★最初の画面に犬がいますが，今回は使わないので消しましょう。犬をクリックして選択し，次にゴミ箱をクリックします。

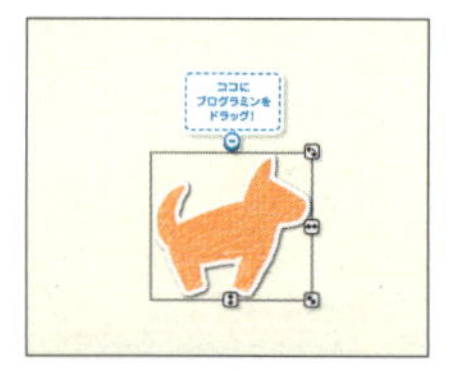

他教科・他学年との関連

生活科のミニトマトの成長をアニメーションで表すこともできる。

STEP1 背景を設定する

まず，背景を変えます。「はいけい」をクリックすると，
「はいけいをえらぶ」が出てきますのでクリックしてください。

★自分がイメージした場面に合う背景を選びましょう。
★自分でかくこともできます。
　かく場合は「はいけいをかく」を選びましょう。

★次にお話に登場するたまごをかきます。

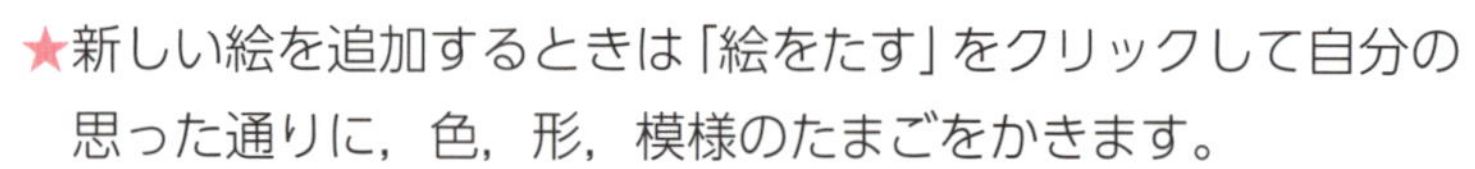

★新しい絵を追加するときは「絵をたす」をクリックして自分の思った通りに，色，形，模様のたまごをかきます。
★たまごの位置を動かしたいときはドラッグしてください。

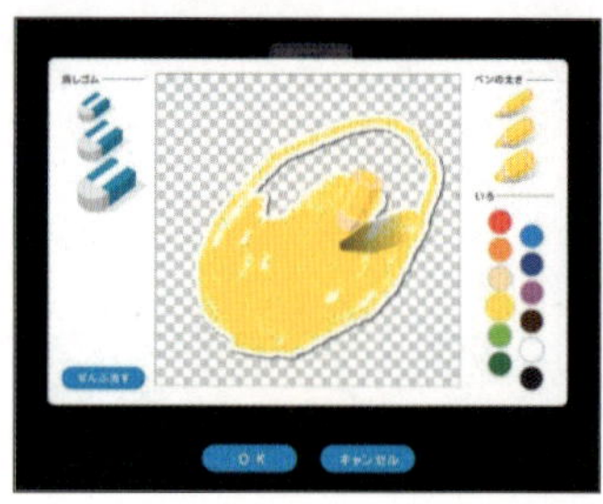

STEP2 ひび割れたたまごをかく

★次にたまごを動かします。生まれる前は，どんな動きをしますか。
　ガタガタ動いたり，ジャンプしたりする様子を，プログラミンの「やくわり」を使って表してみましょう。

➡プログラミンのやくわり表
(http://www.mext.go.jp/programin/data/help/programin_chart.pdf)

★たまごから生まれる前に飛びはねる様子を表すのにジャンピンを選びます。
　画面のジャンピンをドラッグスペースにドラッグします。
　生まれる前のイメージを考えながら何回ジャンプさせるか決めましょう。
★いよいよたまごから生まれます。たまごはどうなりますか。
　割れ目ができますね。

★たまごをクリックして絵をコピーします。
　コピーした絵をクリックして「絵をかきたす」を選びます。
　コピーしたたまごに割れ目をかいていきましょう。

ポイント！！

★生まれる前のたまごから，割れ目のあるたまごに変えます。
　つまり，最初のたまごを隠して，割れたたまごを見せます。
　プログラミンのミエルンを使いましょう。

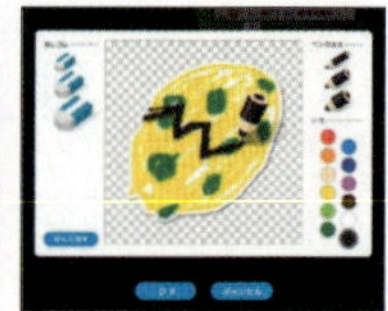

STEP3 アニメーションの設定をする

★まず，生まれる前のたまごにミエルンの「かくす」をドラッグします。

★次に，コピーしたひび割れたたまごの上に生まれる前のたまごをぴったり重ね合わせます。

★再生してみましょう。

★思ったような動きにならなかったときは，友達と相談して考えましょう。

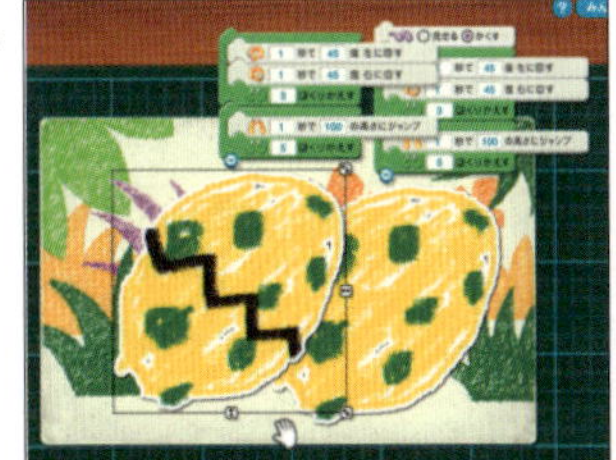

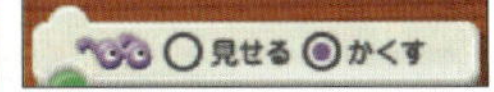

まとめ　ふしぎなたまごのアニメーションで紙芝居をしよう

★ひび割れたたまごから何かが生まれるまでを，同じ手順でつくります。

★前の絵をコピーします。「絵をかきたす」をクリックして次の絵をかきます。

★１つ前の絵には「かくす」をドラッグし，新しい絵の上にぴったり重ねます。

★何か生まれたたまごだけは，「かくす」→「○秒まつ」→「見せる」にします。
上手くいかないときは，絵の順番や出てくるしくみを考えましょう。
（絵の順番は，上から，①生まれる前のたまご　②ひび割れたたまご　③割れたたまご　④何か生まれたたまご　です。順番に上から隠します。）

★ふしぎなたまごから何かが生まれるアニメーションをつくることができましたか。
では，アニメーションに合わせてお話をつくりましょう。

プログラミング教育のポイント

ふしぎなたまごから何かが生まれる様子は，子供たちにとっては動的なものであることから，画用紙で表現するより適しています。自分が思った通りに動かすには，一連の表面に出てくる動きを分解し，動きに応じて表す，消える，表す，消えるを組み合わせることで動きができることに気づかせましょう。

ワークシート

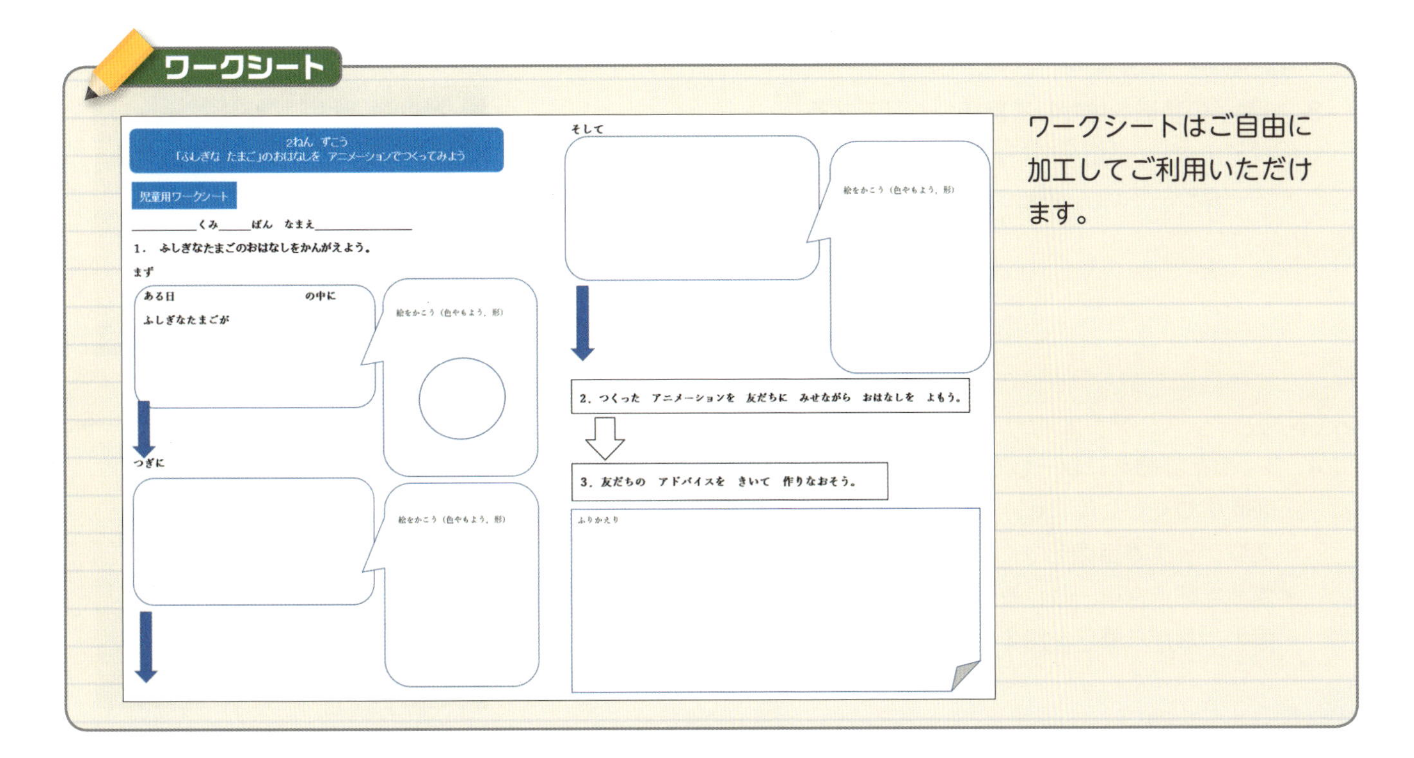

2ねん　ずこう
「ふしぎな　たまご」のおはなしを　アニメーションでつくってみよう

児童用ワークシート

＿＿＿＿くみ＿＿ばん　なまえ＿＿＿＿＿＿

1．ふしぎなたまごのおはなしをかんがえよう。

まず

ある日　　　　　の中に
ふしぎなたまごが

絵をかこう（色やもよう，形）

つぎに

絵をかこう（色やもよう，形）

そして

絵をかこう（色やもよう，形）

2．つくった　アニメーションを　友だちに　みせながら　おはなしを　よもう。

3．友だちの　アドバイスを　きいて　作りなおそう。

ふりかえり

ワークシートはご自由に加工してご利用いただけます。

スクラッチで「せんりつづくり」をしよう

3年音楽	「日本の音楽に親しもう」	言語等	スクラッチ
		思考	分解　記号化　アルゴリズム
		学習形態	グループ1台

ねらい

●教科のねらい

日本の音楽の雰囲気や特徴を感じ取りながら，民謡を聴いたり表現したりして日本に伝わる音楽に親しむことができる。プログラミングの中で，楽譜を分解することから日本の音楽の特徴を感じ取ることができる。また，プログラミングをしながらリズム伴奏や旋律を効果的に活用する方法を理解することができる。

●プログラミング学習のねらい

楽譜を分解し，音を捉える。それらの音をスクラッチのプログラムに置き換える（記号化）。プログラミングされた旋律を聴き合い，友達と意見を出し合う。くり返しや並べかえを行うことで，論理的に考えて，よりよいお囃子にしていく。ペアでつくったお囃子の旋律をグループで再生リレーし，お囃子の特徴を考えて，曲にすることができる。

単元計画

1. 音色・リズム・速さを聴き比べて，それぞれのお囃子の特徴をまとめる。

- お囃子の特徴を聴き取る。
- 2つのお囃子のリズムの速さの違いに気づく。

2. お囃子の特徴を話合う。

3. お囃子の特徴を生かして旋律づくりをする。

- ペアになり，お囃子の特徴を生かした旋律をつくる。
- ワークシートの五線譜に旋律をかく。

〈本時〉

4. つくった旋律をリレーして，お囃子を曲にする。

- 前時につくった旋律を，プログラミング形式に書き換える。
- スクラッチで旋律をつくる。
- 旋律を聴き合い，リレーする。
- 再生しながら修正を加える。

実践例

指導案・ワークシート・サンプルプログラムは，YouTube の動画画面の下に，リンク先が表示されます。
こちらからダウンロードしてください。

https://www.tsukuba.ed.jp/~programming/ 

やってみよう！

ビデオ　ビデオを見ながら実際にやってみよう！

導　入　既習事項の確認をする

★前時までの確認をしましょう。
自分たちのつくった旋律を思い出しましょう。

★本時の学習課題を確認します。
「つくった旋律をリレーして，お囃子を工夫しながら曲にしよう。」

★まずは，前回つくったワークシートの旋律を
プログラミング形式（右図参照）に書き換えます。

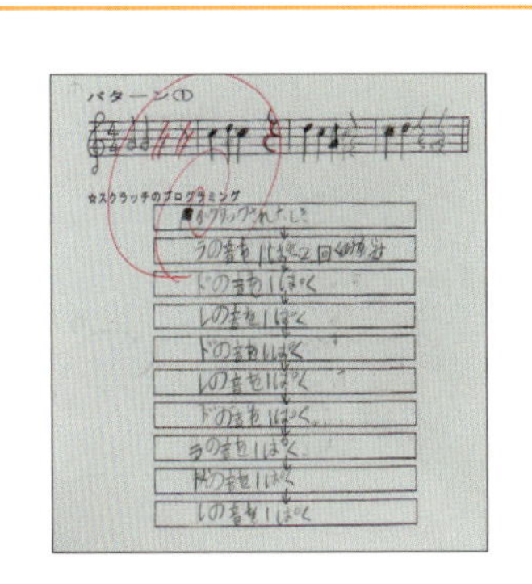

展　開　スクラッチを使ってお囃子をつくろう

★ web 上の「scratch2.0」にアクセスします。
★「スクラッチで作る」を選びます。

★では，いよいよスタートです。
　この画面をエディターといいます。••••

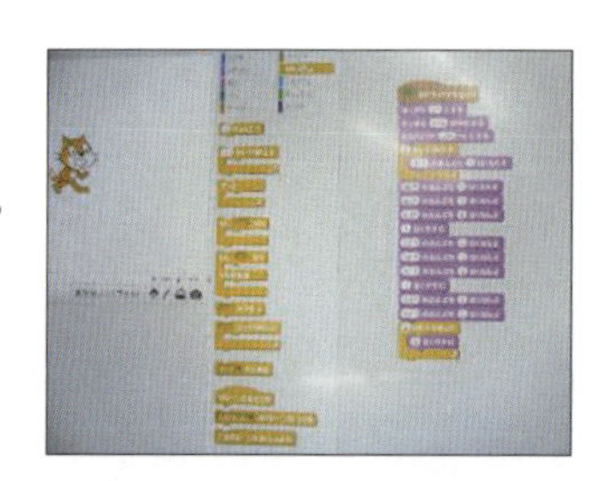

★使うブロックは，「音」と「制御」です。

他教科・他学年との関連

様々なプログラミング作品に音楽を入れることができる。

STEP1 ワークシートの旋律をスクラッチで表す

★音階を一つ一つスクラッチで表します。
　音階は，音番号（右図）で表します。

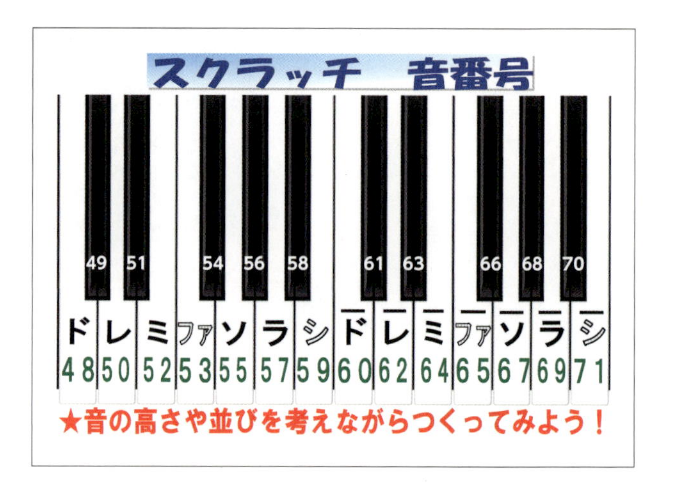

（ラーソソラ・ラーソソラ・ミソソラの入力例です）

① ラは，音ブロックから「(57) の音符を (1) 拍鳴らす」をドラッグします。
② ソ・ソは，制御ブロックから「(2) 回繰り返す」をドラッグします。
　その間に「(55) の音符を (0.5) 拍鳴らす」を挟みます。
③ ラは，音ブロックから「(57) の音符を (1) 拍鳴らす」をドラッグします。
④ 一拍休むは，音ブロックから「(1) 拍休む」をドラッグします。
⑤ ①～③を制御ブロックの「(2) 回繰り返す」で挟みます。
⑥ ミは，音ブロックから「(52) の音符を (1) 拍鳴らす」ドラッグします。
⑦ ソ・ソは，制御ブロックから「(2) 回繰り返す」をドラッグします。
　その間に「(55) の音符を (0.5) 拍鳴らす」を挟みます（②と同じ）。
⑧ ラは，音ブロックから「(57) の音符を (1) 拍鳴らす」ドラッグします。
⑨ 一拍休むは，音ブロックから「(1) 拍休む」をドラッグします。

STEP2 旋律をリレーして曲にする

★ここまでを再生します。緑の旗をクリックして，次にスペースキーを押します。
上手くいかないときは，なぜ上手くいかないのか，どうしたらよいか，
近くの人と相談しましょう。

★グループの中でお囃子を発表し合います。
それぞれの旋律をリレーしましょう。
リレーするとイメージが合わなかったり，テンポが合わなかったりします。
「発表→修正→再生」をくり返し，調整しましょう。以下を考えて工夫しましょう。
・速さ　・音（楽器）の種類　・音のつなげ方　・始め方や終わり方　・強弱

★旋律に合わせて太鼓やジャンガラなどをリズム打ちしましょう。

まとめ　お囃子発表会をしよう

★お囃子発表会をします。
・グループで役割分担をしてクラス全体でお囃子を演奏します。

★学習の振り返りをします。
・日本の音楽の特徴は何でしたか？
・旋律づくりを通してわかったことは何ですか？

プログラミング教育のポイント

五線譜からスクラッチに表現するときに，拍の長さなどを数字で表すことで音符の概念を理解させることができます。例えば8分音符は4分音符の半分の長さであることや，休符の意味，くり返し記号の意味など，譜面で表されていることを科学的な理解で捉えた後に譜面にもどると，音楽の特徴や楽しさに気づくことができます。

ワークシート

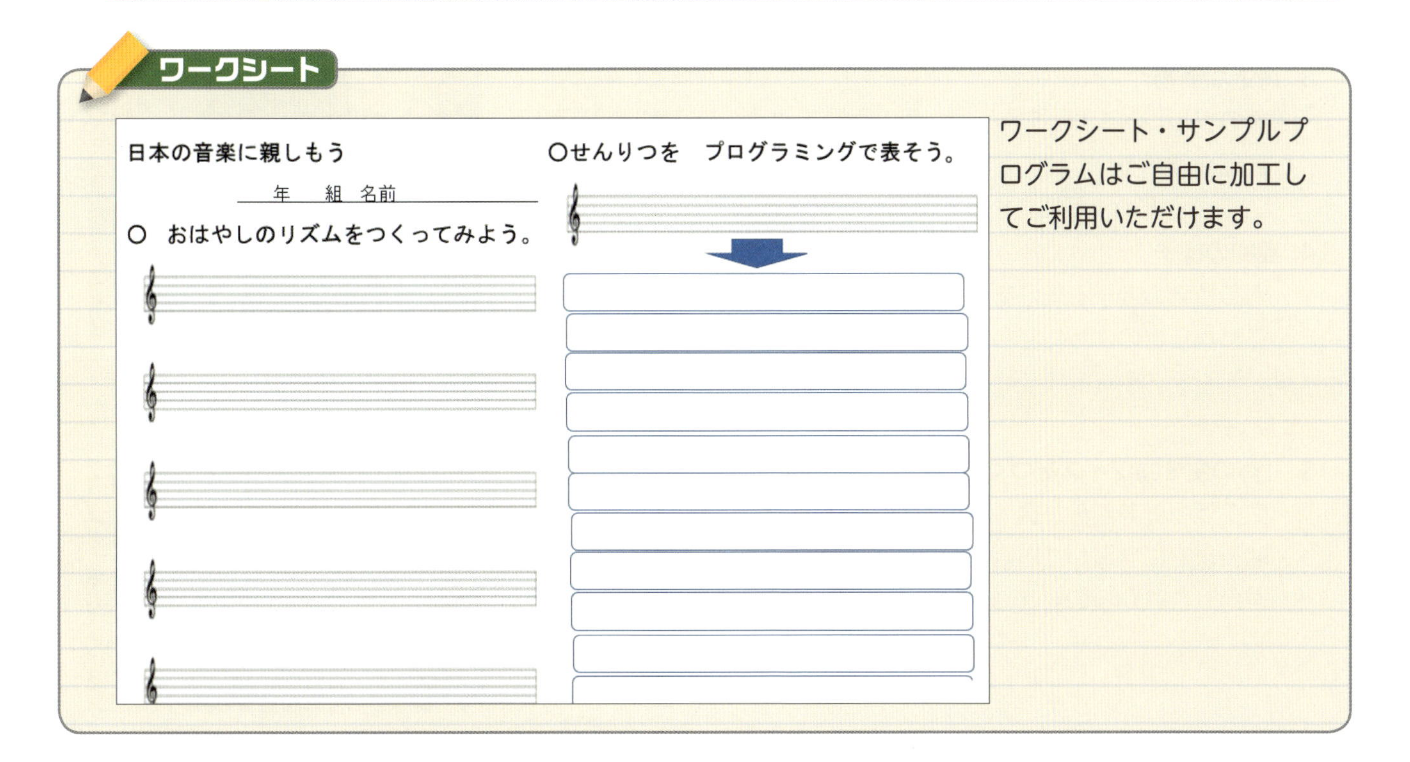

日本の音楽に親しもう

年　組　名前

○　おはやしのリズムをつくってみよう。

○せんりつを　プログラミングで表そう。

ワークシート・サンプルプログラムはご自由に加工してご利用いただけます。

スクラッチで「季節と生き物」の特徴をまとめよう

4年理科　「季節と生き物」

言語等	スクラッチ
思考	分解　アルゴリズム
学習形態	グループ1台

ねらい

●教科のねらい

季節ごとの動物の活動や植物の成長について興味・関心を持って追究する活動を通して，動物の活動や植物の成長を季節や気温と関係付けることができる。春の生き物の観察結果を整理するために，クイズをつくることができる。観察結果の整理から，前の季節の様子と比較したり，次の季節の様子を予想することができる。同じ活動を冬に行う場合は，1年間を通した変化から，生命の連続性を捉えることができる。

●プログラミング学習のねらい

動物の生活とすみか，体のつくりや成長の特徴，植物の葉の色や枚数，幹の大きさなどの特徴を分解して考えるとともに，条件分岐を適切に使いクイズをつくる。

単元計画

1.春の生き物の様子
- 春の生き物の様子は，冬と比べてどのような違いがあるか話合う。
- 生き物の様子が冬と比べて変わってきたのは，どうしてか話合う。

2.1年間の観察の計画

3.身近な動物
- 春のツルレイシや「自分の木（個人や班で決めた落葉樹）の様子と気温を調べる。
- これからどのように変わっていくか予想する。

4.植物の様子
- 春の植物の様子と気温を調べる。
- これからどのように変わっていくか予想する。

〈本時〉

5.「春の生き物クイズをつくろう」
- スクラッチで自分が調べた生き物の中からクイズをつくる。
- 前時までに学習した内容をクイズとして整理する。
  また，これからの変化の予想についても紹介する。

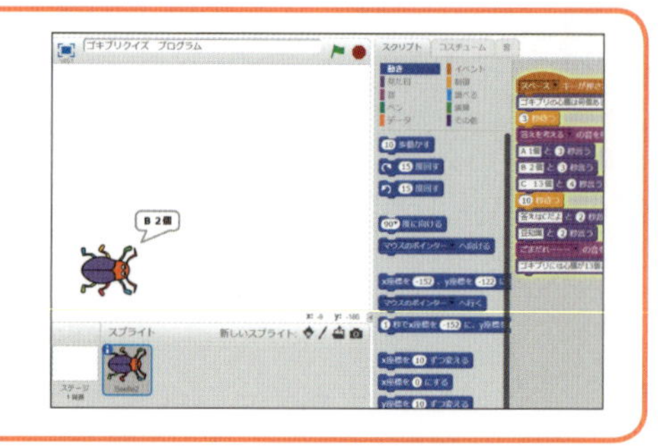

実践例

指導案・ワークシート・サンプルプログラムは，YouTube の動画画面の下に，リンク先が表示されます。こちらからダウンロードしてください。

https://www.tsukuba.ed.jp/~programming/

やってみよう！

ビデオ　ビデオを見ながら実際にやってみよう！

導　入　既習事項の確認をする

★前時までの確認をします。
・えさ　・すみか　・からだのつくり
・すみかとえさの関係　・季節による変化　・からだの特徴など

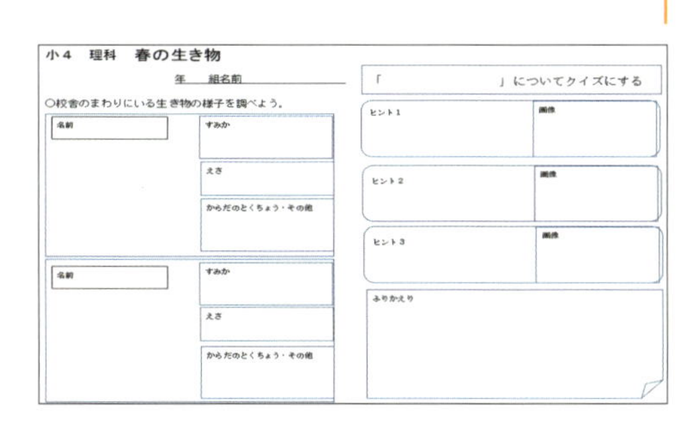

★先生のデモンストレーションを見ます。
※チュートリアルビデオを活用しましょう。

★今日は，春の生き物クイズをつくって，これまでの学習をまとめます。
★スクラッチを使います。

展　開　スクラッチを使ってプレゼンテーションスライドをつくろう

★ web 上の「scratch2.0」にアクセスします。

★「スクラッチで作る」を選びます。

★では，いよいよスタートです。
この画面をエディターといいます。

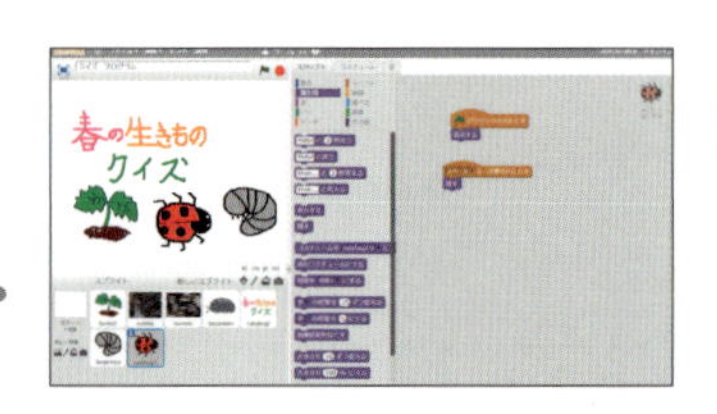

他教科・他学年との関連

社会科や総合的な学習の時間などで，まとめの学習として活用することができる。

STEP1　画像と資料を準備する

★まず，「春の生きものクイズ」の準備をします。
ワークシートをもとに進めます。

① クイズにする生き物(以下では，ダンゴムシを選んだ児童の例)を選びます。

② 「すみか」「えさ」「特徴」「豆知識」など，これまで学習したワークシートを整理します。

★「春のダンゴムシクイズ」にする内容が決まったら，
スクラッチを始めます。

★タイトルになる背景を決めます。

① 背景は自分の好きな色に設定しましょう。

② 「春のダンゴムシクイズ」の問題のヒントとなるイラストを取り込み，ファイルに保存します。新しいスプライト※としてファイルを指定して読み込みます。
タイトル画面は，新しいスプライトから作成できます。

※スプライト…アニメーション素材

STEP2　スライドをつくる

★第 1 問をつくります。
第 1 問の昆虫スプライトをクリックしてください。

① 「緑の旗がクリックされたとき」をドラッグします。

② 最初に表示しておくスプライト（画像）には全て，見た目ブロックから「表示する」をドラッグします。（タイトルになるもの）

③ 第 1 問を説明するスプライトをクリックします。
制御ブロックから「スペースキーが押されたとき」をドラッグします。

④ 見た目ブロックから「　　　　　　　と (3) 秒言う」をドラッグします。
※クイズに合わせた言葉をキーボードから入力する。

★答えを待つプログラムをつくります。

⑤ 制御ブロックから「(3) 秒待つ」をドラッグして④につなげます。

⑥ 音ブロックから「答えを考えるの音を鳴らす」をドラッグします。

⑦ 見た目ブロックから「Hello! と (2) 秒言う」をドラッグし，「Hello!」を「ヒント 1　ぼくのすみかは・・・・・・・・」に変えます。

⑧ イベントブロックから「(1) を送る」をドラッグします。
※これは，ヒントに合った画像を呼び出す命令です。

⑨ ⑦と同じにドラッグし，
「ヒント 2　ぼくのえさは・・・・・・・・」に変えます。

⑩ イベントブロックから「(2) を送る」をドラッグします。

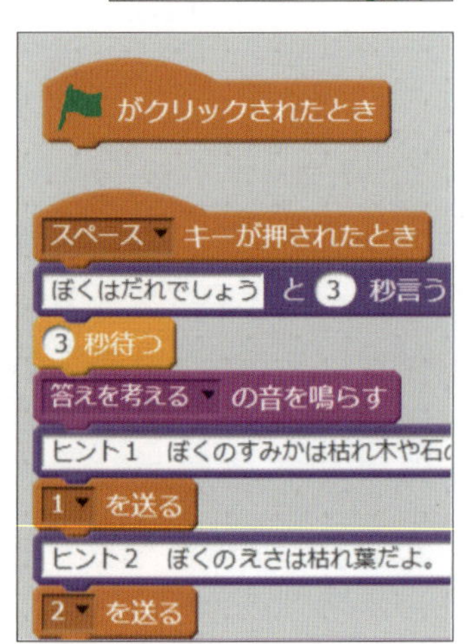

STEP3 再生して確かめる

★ここまでを再生します。緑の旗をクリックして，次にスペースキーを押します。
上手くいかないときは，なぜ上手くいかないのか，どうしたらよいか，近くの人と相談しましょう。

⑪ ヒント３をつくります。(ヒント１・２と同様につくる)

⑫ 調べるブロックから「(ぼくの名前を考えてね) と聞いて待つ」をドラッグします。

⑬ 制御ブロックから「(5) 秒待つ」をドラッグします。※「〇秒待つ」のは，一つ一つの命令を確実にゆっくり進ませるためです。第１問の最後に，「(4) を送る」という命令をしました。

★答えの命令をつくります。

① 制御ブロックから「もし (　　) なら・でなければ」をドラッグします。
※答えによって命令を変える条件分岐です。

② 「もし (答え) =ダンゴムシなら」「あたり！と (2) 秒言う」と命令します。

③ 「でなければ」「(答えはダンゴムシ) と (2) 秒言う」と命令します。

④ イベントブロックから「(4) を送る」，
見た目ブロックから「(豆知識) と (2) 秒言う」をドラッグします。

まとめ　クイズを紹介しながら，調べたことを伝えよう

★その他のスクリプトも同様につくります。
※以下は，問題を進めるスクリプトの命令によって，ヒント画像を出す仕組みです。
・次の命令に移ったら消えるように「〇を受け取ったとき」「隠す」にします。
・イベントブロックから「緑の旗がクリックされたとき」，見た目ブロック「隠す」をドラッグします。
・イベントブロックから「〇を受け取ったとき」「表示する」をドラッグします。

★では，クイズを使ってプレゼンテーションをしてみましょう。
クイズに答えてもらうだけでなく，他の情報や，これからどのように変わっていくのかなどの予想やその根拠についても伝えましょう。

プログラミング教育のポイント

クイズをつくることで，単元の中で調べたことやわかったことを整理することができます。正解や不正解で画面の反応が変化するように，条件分岐をさせながらプログラミングを進めていきましょう。音やヒントを出すことができます。

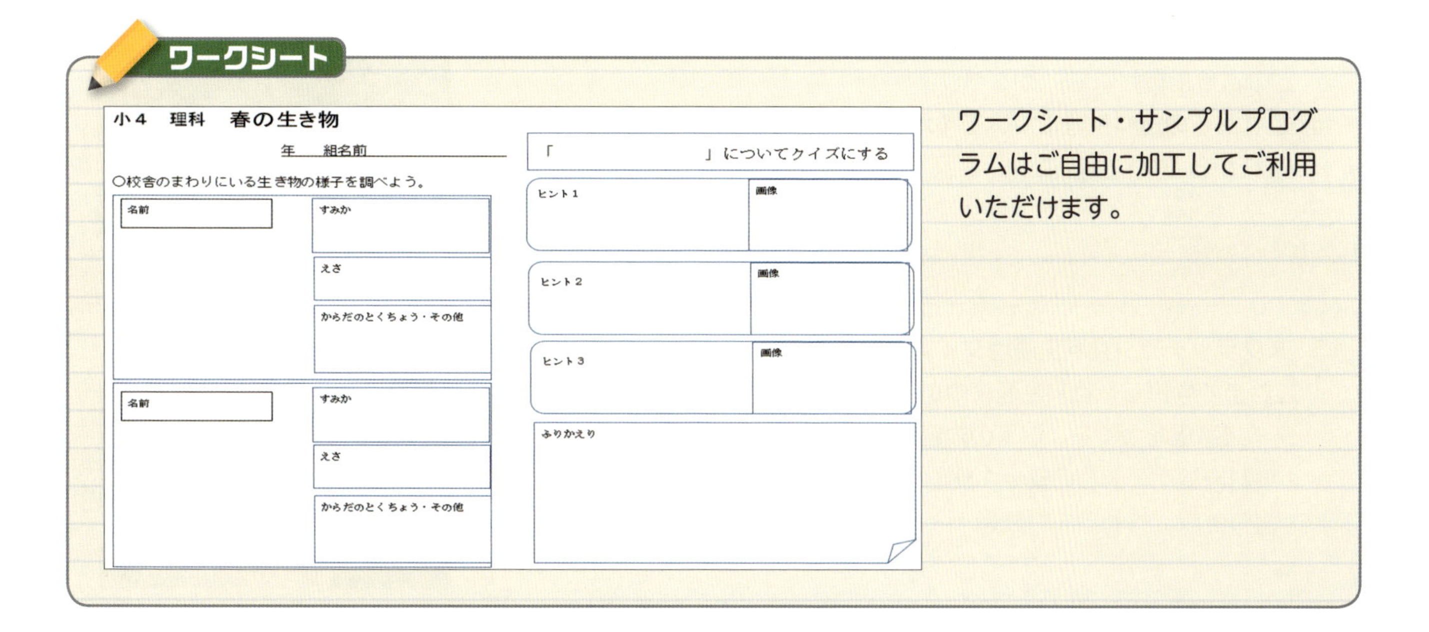

ワークシート

小４　理科　春の生き物

年　組名前

〇校舎のまわりにいる生き物の様子を調べよう。

名前

すみか

えさ

からだのとくちょう・その他

名前

すみか

えさ

からだのとくちょう・その他

「　　　　　　」についてクイズにする

ヒント１　画像

ヒント２　画像

ヒント３　画像

ふりかえり

ワークシート・サンプルプログラムはご自由に加工してご利用いただけます。

スクラッチで「食料生産地クイズ」をつくろう

5年社会	「これからの食料生産とわたしたち」	言語等	スクラッチ
		思考	アルゴリズム　活用
		学習形態	1人1台　2人1台　グループ1台

ねらい

●教科のねらい

日本の食料生産の現状から学習問題をつくり，統計などの資料を活用して自分の国の食料生産をめぐる問題についてまとめる。また，これからの食料生産について何ができるかを話合うとともに，クイズをつくることができる。プログラミングで，クイズの順番や手順を考えることで，これまで学習したことと関連付けることができる。

●プログラミング学習のねらい

４年生の春の生き物クイズで身につけたスキルを活用する。単元を通して調べた食料品の産地についてクイズをつくることで，より深い理解をする。クイズの情報収集を行い，それらやヒントをどのような順番で，出すかを考える中で，県の特徴や気候と関連付けて考えることができる。

単元計画

1. 日本の食料生産をめぐる問題点について考える。

「食料生産にはどんな問題があり，
これからの食料生産をどのように進めたらよいだろうか」

2. わたしたたちの食生活の変化と食料生産

「日本の食料生産には，どのような問題があるのでしょうか」

3. 食の安全・安心への取り組み

「食の安全・安心に対する取り組みは，
どのように行われているのでしょうか」

4. これからの食料生産について考える。

これからの食料生産について調べたことを振り返り，まとめる。

〈本時〉

5. スクラッチで「食料生産地クイズ」をつくろう。

これまで学習した食料生産について話合ったことをもとに，
クイズ番組をつくる。以下の内容も含めたクイズにする。

・食料自給率　・食の安全・安心

・食料生産に携わる人の問題　・自然環境とのつながり

実践例

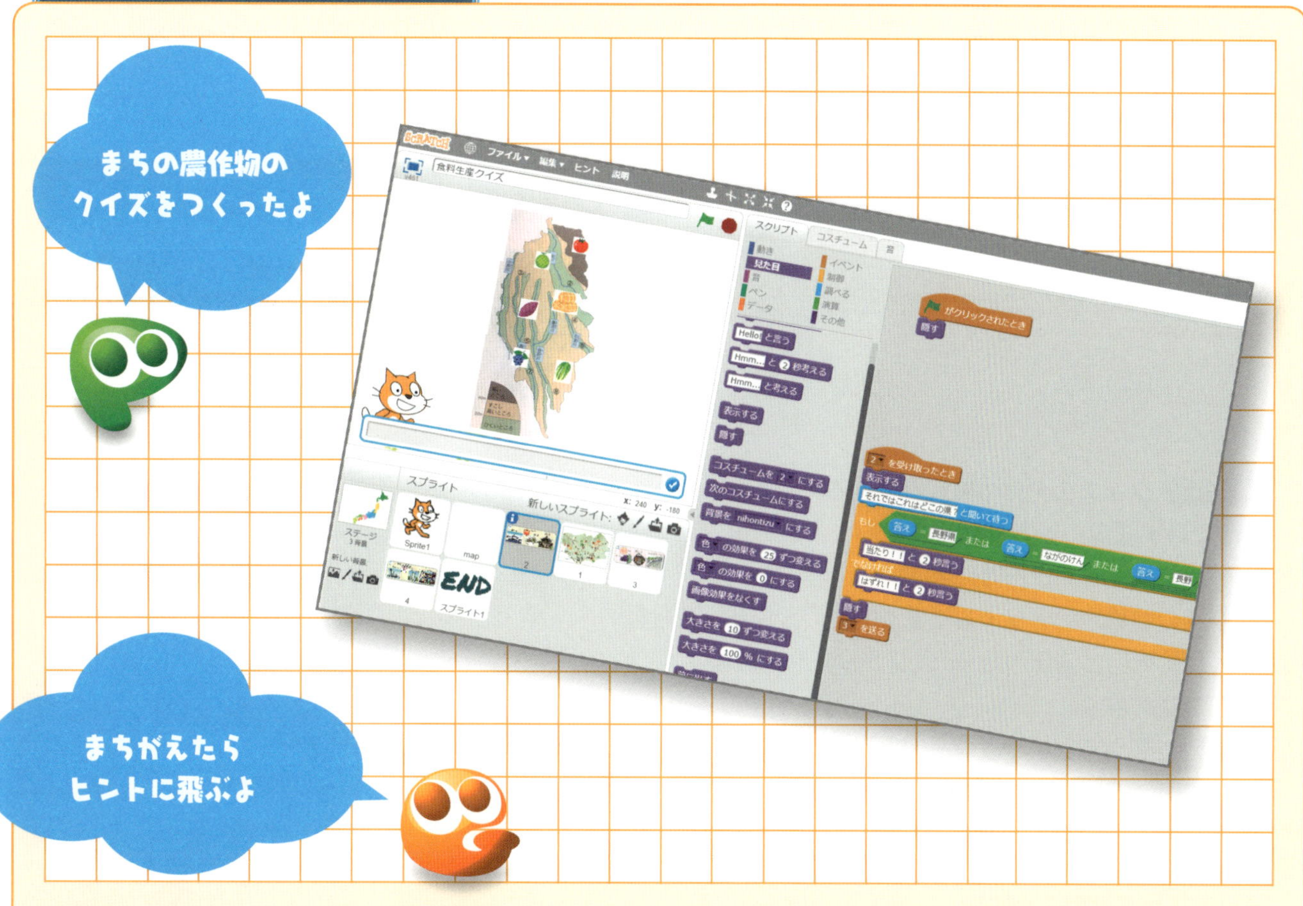

指導案・ワークシート・サンプルプログラムは，YouTube の動画画面の下に，リンク先が表示されます。
こちらからダウンロードしてください。

https://www.tsukuba.ed.jp/~programming/

やってみよう！

ビデオ　ビデオを見ながら実際にやってみよう！

導　入　既習事項の確認をする

★スーパーのチラシから気づいたことを出し合いましょう。
チラシには生産地が載っています。

★食料生産地がかかえる問題やその背景を思い出しましょう。
・食料自給率　・食の安全・安心　・食料生産に携わる人の問題
・自然環境とのつながり

★今日は，これまで調べたことをクイズにしましょう。

展開　スクラッチを使って「食料生産地」クイズをつくろう

★web 上の「scratch2.0」にアクセスします。
★「スクラッチで作る」を選びます。

★では，いよいよスタートです。
この画面をエディターといいます。

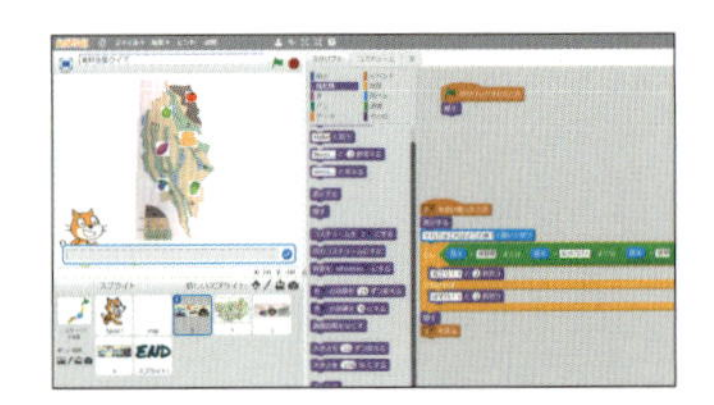

総合的な学習でのプレゼンテーションに活用することができる。

STEP1 クイズの全体の構造を考える

★まず，クイズづくりの準備をします。
ワークシートをもとに進めます。
・作業の進め方　・クイズにする内容　・クイズの種類
★クイズの内容が決まったら，スクラッチを始めます。
★背景を決めます。
① 教科書やデジタル教科書の地図などを画像として読み込み，ファイルに保存します。
エディターの左下「新しい背景」をクリックし，ファイルを読み込みましょう。

※著作権法上の学校の授業での利用を超える場合には，著作権者の許諾が必要になります。

② 第 1 問～第 4 問の問題のヒントとなるイラストを保存します。ファイルを指定して読み込み，新しいスプライトにします。

STEP2 問題をつくる

★第 1 問をつくります。
第 1 問のスプライトをクリックしてください。
① <u>制御ブロック</u>から「緑の旗がクリックされたとき」をドラッグします。
② <u>見た目ブロック</u>から「隠す」，<u>制御ブロック</u>から「(2) 秒待つ」を
ドラッグします。(これは，リセットするときに必要になります)
③ 第 1 問目を<u>見た目ブロック</u>から「表示する」をドラッグ。
④ <u>調べるブロック</u>から「　　　　　　　　と聞いて待つ」をドラッグし，
入力します。
★第 1 問の答えをつくります。(スプライトは同じ)
⑤ <u>制御ブロック</u>から「もし・でなければ」をドラッグして④につなげます。
※これは，答えが合っていた場合と間違った場合の反応を変えるためです。
これを，条件分岐といいます。(条件によって異なるプログラムにすること)
⑥ <u>演算ブロック</u>から「○または○」をドラッグ。
⑦ ○の中に，<u>調べるブロック</u>から「答え」を入れます。
⑧ <u>見た目ブロック</u>から「当たり !! と (2) 秒言う」を「もし」の下にドラッグします。
⑨ 「でなければ」の下に，「はずれ !! と (2) 秒言う」をドラッグします。
⑩ <u>見た目ブロック</u>から「隠す」をドラッグします。
⑪ <u>イベントブロック</u>から「○を送る」をドラッグし，
「▼」から「2」を選択します。
★第 1 問は完成です。緑の旗をクリックして確認しましょう。

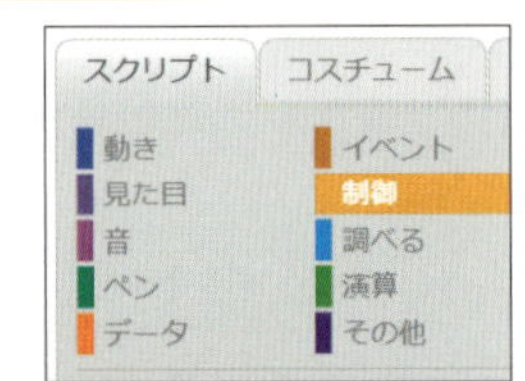

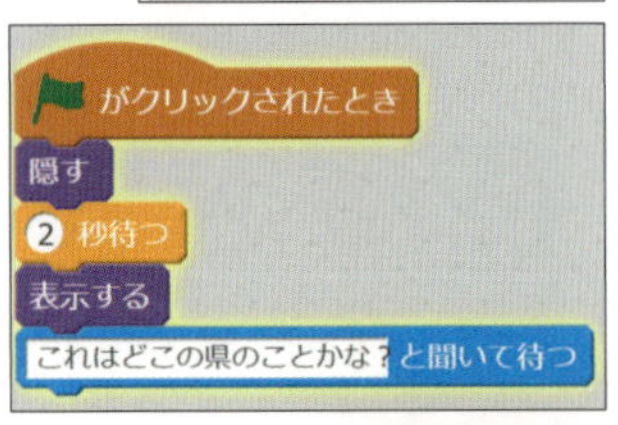

STEP3 再生して確かめる

★どうですか？できましたか？

上手くいかないときは，なぜ上手くいかないのか，どうしたらよいか，近くの人と相談しましょう。

★第２問をつくります。

第２問のスプライトをクリックしてください。

① 第１問の最後に，「(2) を送る」という命令をしました。
そこで，第２問のスプライトは，まず制御ブロックから
「○を受け取ったとき」をドラッグします。
「▼」を「2」にします。

2▼ を受け取ったとき

② このあとは，第１問と同じです。

まとめ 全国生産地クイズをしよう

★第３問以降のプログラムも同じです。
※慣れてきたら，プログラムの複製を使うと便利です。

★生産地クイズをしましょう。
クイズに答えてもらうだけでなく，事前に調べた内容を伝えてあげることが大切です。

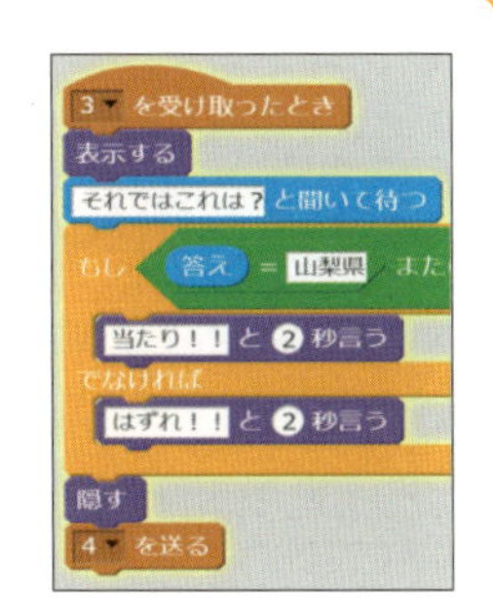

プログラミング教育のポイント

４年生の「春の生きものクイズ」と基本的な手順は同じです。５年生では選択肢をつくるなど複雑なプログラミングに挑戦しましょう。ヒントを入れたり，正解するまでに複数の条件分岐をさせたクイズをつくりましょう。

ワークシート

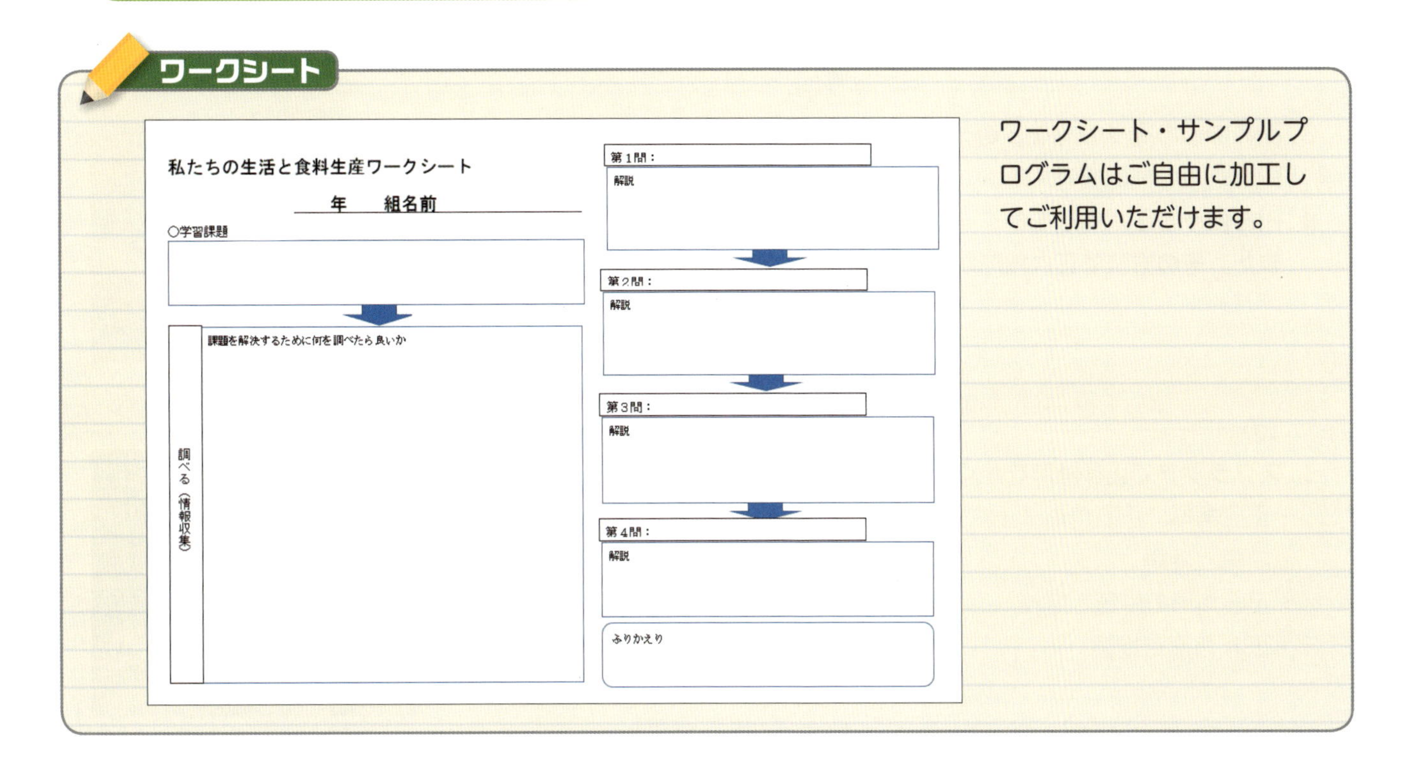
私たちの生活と食料生産ワークシート

年　組名前

○学習課題

課題を解決するために何を調べたら良いか

調べる（情報収集）

第１問：
解説

第２問：
解説

第３問：
解説

第４問：
解説

ふりかえり

ワークシート・サンプルプログラムはご自由に加工してご利用いただけます。

スクラッチで「正多角形」をつくろう

5年算数	「正多角形と円」

言語等	スクラッチ
思考	分解　記号化　アルゴリズム　振り返り　活用
学習形態	1人1台　2人1台　グループ1台

ねらい

●教科のねらい

これまでの授業で正多角形の意味と性質を理解してきた。このプログラミング学習を通して，正多角形の性質を再確認することができる。また，正多角形の性質を，内角だけでなく外角からも検討することができる。さらに，多角形と円の関係を捉え，円の学習への見通しを持つことができる。

●プログラミング学習のねらい

多角形をかくプログラミングを考えることで，正多角形の性質を分解しながら再確認することができる。同じ動作は，くり返しの機能を使うことで，異なった表現（記号化）で表せることを理解できる。正n角形のnを増やすことで，円に近づくことを推論することができるとともに，シミュレーションの有用性を理解できる。

単元計画

1. 正多角形の辺や角の数や大きさを調べる。
- 「正多角形」を知る。

2. 正多角形の中心角や角の数や大きさをまとめる。
- 正多角形の向かい合った頂点を結ぶ対角線と辺でできる三角形を調べる。
- 正多角形が円に内接していることを知る。

3. 円の中心の周りの角を5等分して，正五角形をかく。
円と内角の関係を考える。

4. 円を使って正六角形をかく。
また，その方法で正六角形がかける理由を考える。

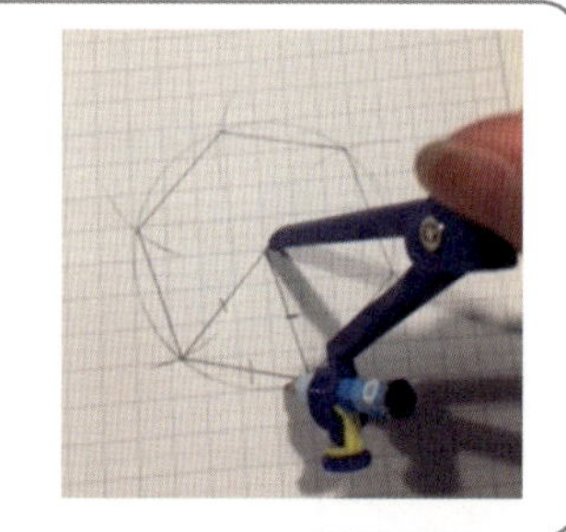

〈本時〉

5. スクラッチで正多角形をかく。
- 正三角形，正五角形，正六角形
- 内角と外角
- 正多角形の性質と定義
- 正n角形を推論

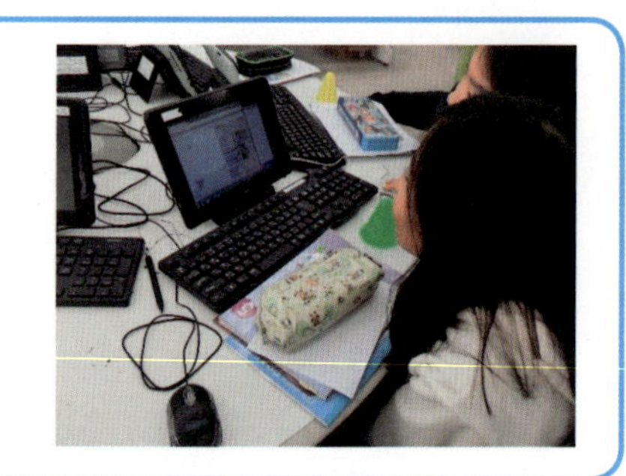

実践例

指導案・ワークシート・サンプルプログラムは，YouTube の動画画面の下に，リンク先が表示されます。
こちらからダウンロードしてください。

https://www.tsukuba.ed.jp/~programming/ 

やってみよう！

ビデオ　ビデオを見ながら実際にやってみよう！

導　入　既習事項の確認をする

★これまで正多角形について学習してきたことを振り返りましょう。

- 三角形の内角の和は何度ですか。
- では，正六角形の内角の和は何度ですか。※ワークシートの表にかく。
  正多角形の内角にはどのような定義がありますか。

★今日は，もっとたくさんの正多角形をかきましょう。

★スクラッチを使います。

展　開　スクラッチを使って正多角形をかこう

★web上の「scratch2.0」にアクセスします。
★「スクラッチで作る」を選びます。

★では，いよいよスタートです。
この画面をエディターといいます。

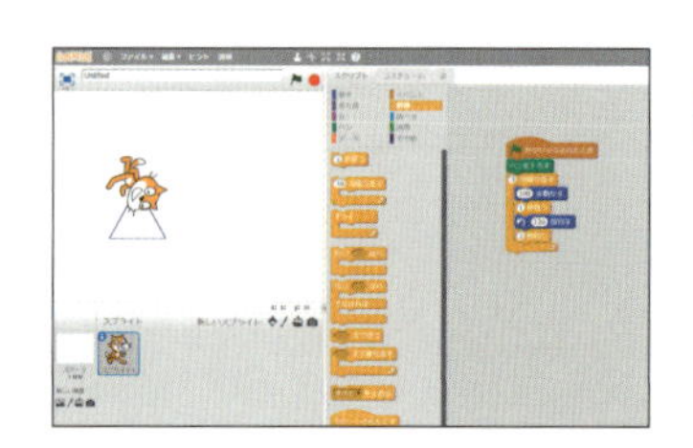

他教科・他学年との関連

算数の図形の単元に活用
理科での実験結果の思考に活用することができる。

STEP1　図形をかく準備をする

★まず，エディターを開くと，スプライト（ねこ）がいます。
このスプライトを動かして，正多角形をかきます。
★命令を実行するために制御ブロックから「緑の旗がクリックされたとき」をドラッグします。

★スプライトが歩くと線がかけるように，ペンブロックから「ペンを下ろす」を選び，最初のブロックの下にドラッグします。
★スプライトの位置を決めます。正多角形をかくスペースを考え，スタート位置を座標で示します。
座標はエディターの右下に表示され，マウスポインターが動くと数値が変わります。
★動きブロックから座標ブロックをドラッグし，x 座標を－150，y 座標を 62 にします。

STEP2　図形をかく

★スプライトを動かしましょう。
★まず，正三角形をかきましょう。
ワークシートをもとに考えます。
★最初の一辺をかくために，スプライトを 100 歩動かします。
動きブロックから「(10) 歩動かす」 を選び，ドラッグします。
10 を 100 に変えることで，辺の長さが長くなります。

★次に，二辺目をかきます。
スプライトを回転させなくてはなりません。
何度，どの方向に回転させたらよいでしょうか。ワークシートを見て考えましょう。
(※スプライトの見ている方向から，外角分回転する必要があります)
★動きブロックから「右回りに 15 度回す」をドラッグします。
15 度を何度に変えればよいでしょうか。
(120 度 (180 － 60) にする必要があります)

★向きが変わったら同じように「(100) 歩動かす」をドラッグします。
そして向きを変えます。
★三辺分のブロックをドラッグできたら，実行しましょう。

STEP3 再生して確かめる

★どうですか？　できましたか？（動きの速さや，回転角など上手くいかないことに気づかせる）
上手くいかないときは，なぜ上手くいかないのか，どうしたらよいか，近くの人と相談しましょう。
以下で，もっとゆっくり動かせます。

・100 歩動かすの後に，制御ブロックから「(1) 秒待つ」をドラッグする。
・1 秒を好きな時間に変える。（1 秒→ 3 秒）

★プログラムから何か気づきますか？
（同じ命令がくり返されています）

※くり返しのプログラムは，まとめることもできます。
制御ブロックから「10 回繰り返す」をドラッグし命令を間にはさみましょう。
では，何回くり返すに変えればいいでしょう。（10 → 3）

まとめ　いろいろな正多角形をかいて，正多角形の性質を考えよう

★正三角形のかき方をもとに，いろいろな正多角形をかきましょう。
ワークシートに必要なことをかき入れましょう。
（正多角形の内角と外角の関係や性質に気づかせる）

★正ｎ角形のｎをどんどん増やしていくとどうなるでしょう。
円に近づくことが体験できます。（デジタルのよさとして伝える）
・次時の円周につなげます。

プログラミング教育のポイント

スクラッチで正多角形をかくときは，内角ではなく外角を入力します。理解できない時は，アンプラグドです。自分の体を回転させましょう。同じ辺の長さ，同じ角度というくり返し（ループ）を発展させることで，正多角形の本質にせまります。円に近づくまで変数を増やすことができるのが，手書きではできないデジタルのよさですね。

ワークシート

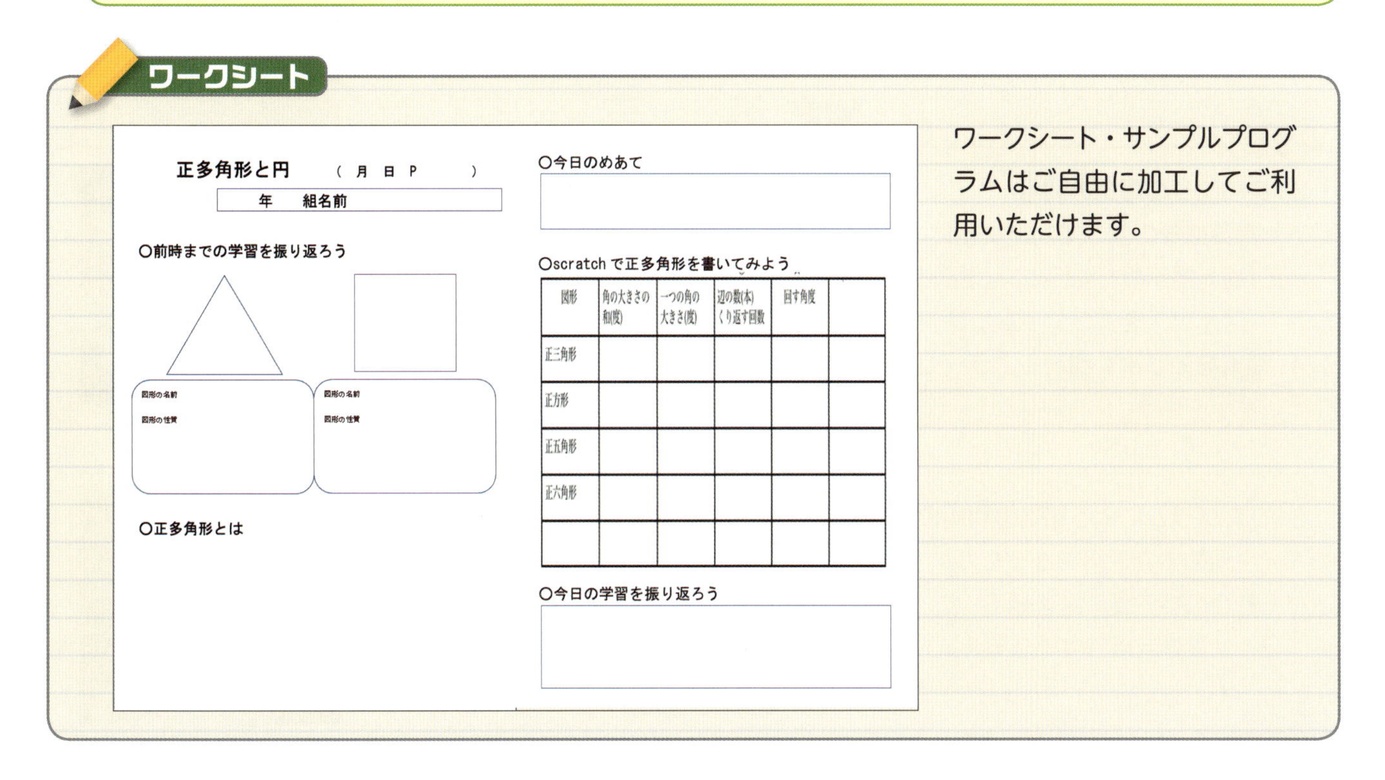

正多角形と円　（　月　日　P　　）
年　　組名前

○前時までの学習を振り返ろう

図形の名前
図形の性質

図形の名前
図形の性質

○正多角形とは

○今日のめあて

○scratch で正多角形を書いてみよう

図形	角の大きさの和(度)	一つの角の大きさ(度)	辺の数(本)くり返す回数	回す角度	
正三角形					
正方形					
正五角形					
正六角形					

○今日の学習を振り返ろう

ワークシート・サンプルプログラムはご自由に加工してご利用いただけます。

マイクロビットで「電光掲示板」をつくろう

6年理科	「電気の性質とその利用」	言語等	マイクロビット
		思考	記号化　活用
		学習形態	1～2名で1台

ねらい

●教科のねらい

「身の回りには，電気の性質や働きを利用した道具があることの理解」と「電気の働きを目的と合わせて制御したり，電気を効率よく利用できることを理解する」ことがねらいである。マイコンボード型プログラミング教材マイクロビットによる電光掲示板を作成することで，電気の利用においてプログラムが利用されていることを科学的に理解することができる。また，プログラムを通じ電気の利用が効率化にもつながることを理解できる。

●プログラミング学習のねらい

ここで最も働くプログラミング的思考は，記号化・アルゴリズムである。これまで電気のon-offは物理的なスイッチによって行った。プログラミングによってスイッチを記号として理解することができる。まず，電光掲示板の点灯の仕組みをスイッチのon-offをもとに分解する。意図した通りに表示させるための命令の記号化や，組み合わせを試行錯誤する。それらの組み合わせを応用させた仕組みづくりにプログラミングを使った電気の利用が社会にどのように生かされているのか理解することができる。

単元計画

1. つくる電気・ためる電気
- 生活と電気　・つくる電気　・ためる電気

2. 電気とそのはたらき
- 電気はどのようなものに変わる性質があるか調べる。(音・光・熱)
- 発熱の様子

〈本 時〉

3. 身の回りの電気の利用
- 電気は身の回りで利用するにはスイッチが必要である。
- 「電光掲示板」はどんな仕組みになっているのだろう。
  (スイッチをプログラムに置き換える)

4. 電気を効率よく利用しよう (センサー制御)

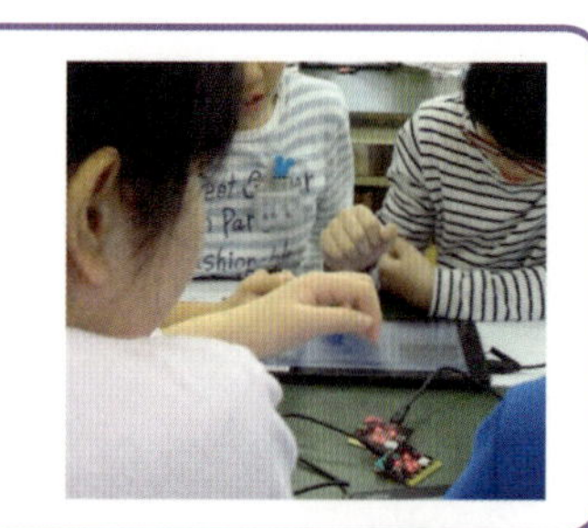

5. プログラムによる電気の利用の仕組みを考えてみよう
- 生活の中で活用できるもの
- 社会の中で便利な仕組み
- 社会問題を解決する仕組み

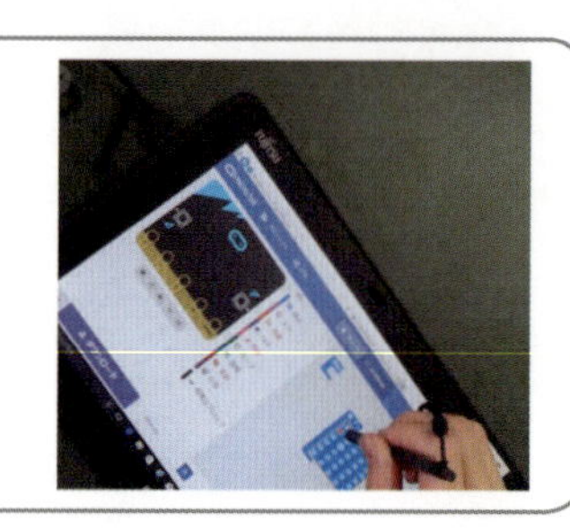

実践例

指導案・ワークシート・サンプルプログラムは，YouTube の動画画面の下に，リンク先が表示されます。
こちらからダウンロードしてください。

https://www.tsukuba.ed.jp/~programming/

やってみよう！

ビデオ ビデオを見ながら実際にやってみよう！

導　入　電光掲示板の仕組みを考える

★「おや，教室が暗いですね。電気をつけましょう。」※スイッチを on にする。

★「テレビをつけましょう。」※スイッチを on にする。

★どちらも電気を利用するときにはスイッチを on にします。
スイッチのはたらきは，3 年生の「豆電球にあかりをつけよう」で学びました。

★それでは町でよく見かける「電光掲示板」はどのような仕組みになっているのでしょうか。誰かがスイッチの on-off をしているのでしょうか。
ワークシートにかいてみましょう。
（プログラミングされていることを気づかせる）

★「電光掲示板」をプログラミングしましょう。

★マイクロビットを PC に接続します。

展　開　マイクロビットを使って電光掲示板の仕組みを考えよう

★マイクロビットの HP にアクセスします。※アプリケーションをダウンロードして行うこともできます。

★「はじめよう」からプログラム画面を開き，ブロック表示にします。

★では，いよいよスタートです。この画面をエディターといいます。

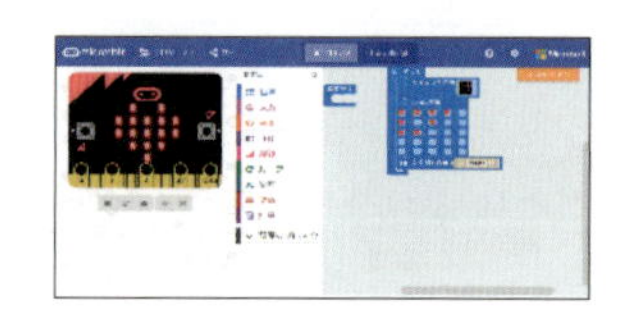

家庭科において温度センサーを活用して，住居の環境測定をすることができる。

STEP1　好きな文字を点灯させる

★まず，エディターを開くと，右のプログラミングエリアに「最初だけ」と「ずっと」が置かれています。「最初だけ」を Delete（削除）し，「ずっと」を残します。

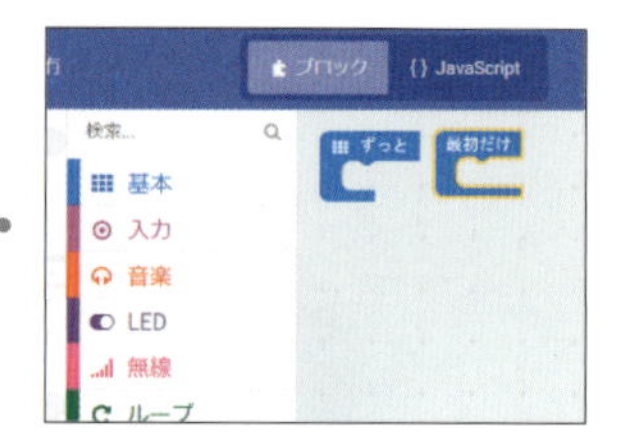

★次にツールボックスの中の基本ブロックを開いてください。

★基本ブロックの中にある「LED に表示」をドラッグ＆ドロップでプログラミングエリアに移してください。

★「LED に表示」には長方形が並んでいます。これはマイクロビットについている 25 個の LED に対応しています。点灯させたいアルファベットの形になるように LED をクリックしてください。

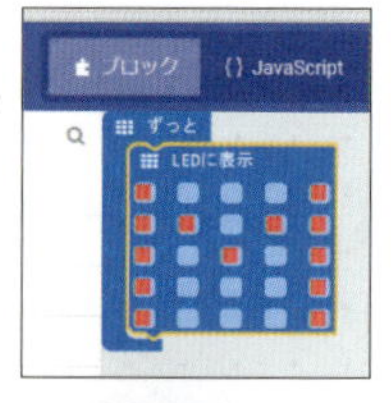

★アルファベットが点灯することを画面左側のシミュレーターで確認できます。「ずっと」という命令通り，アルファベットがずっと表示されています。

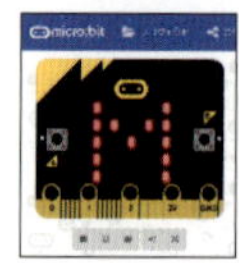

STEP2　文字を点滅させる

★次にアルファベットを点滅させましょう。

★点滅させるにはどうすればいいでしょうか。ワークシートにかきましょう。

★「表示を消す」命令をしましょう。
ツールボックスの中の基本ブロックの下の表示ブロックを開いてください。その中の「LED に表示」をプログラミングエリアの「LED に表示」の下に移動させてください。

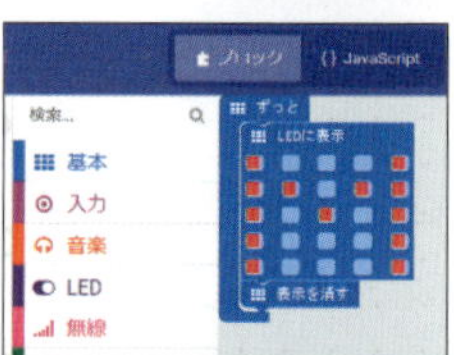

★画面左側シミュレーションで確認しましょう。

★自分のイメージした通りの速さの点滅にしたいときはどうしたらよいかを考えて，ワークシートにかきましょう。
（「表示する」時間と「表示を消す」時間を設定します）

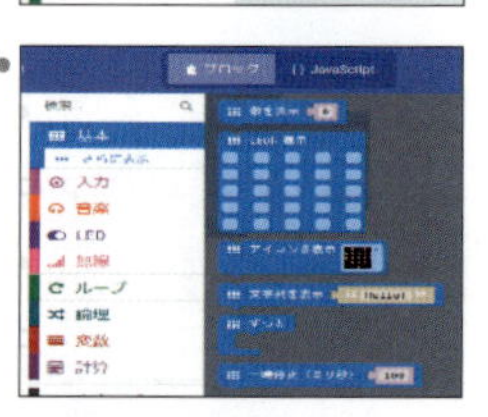

★ツールボックスの基本ブロックの中の「一時停止（ミリ秒）」をドラッグ＆ドロップで「LED に表示」の下に移動させてください。

★さらに，もう一つ「一時停止（ミリ秒）」を「表示を消す」の下に移動させましょう。

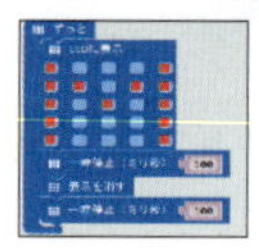

STEP3 マイクロビットに転送する

★シミュレーターで動きを確認しましょう。
表示時間を変えたいときは「一時停止（ミリ秒）100」の数字を変えましょう。••••• 一時停止（ミリ秒） 100

★できたプログラムをマイクロビットにかき込みましょう。
★エディターの左下にある「ダウンロード」ボタンをクリックしてください。
ウィンドウが開くので，「完了！」をクリックしてください。
★画面下の「保存」から，「名前を付けて保存」を選びます。
★Ｄドライブ「MICROBIT」を選び，題名未設定のまま保存する。
マイクロビットにかき込みが始まります。
★かき込みが終了したら，マイクロビットにプログラムが表示されます。
★上手く表示されない場合は，マイクロビットのリセットボタンを押しましょう。

まとめ　電光掲示板の仕組みを使ってオリジナルの仕組みを考えよう

★友達の作品や自分の作品をお互いに見せ合って，プログラムを比べましょう。
★電光掲示板の仕組みを使って，もっと違う文字やマークを表示しましょう。
★次の時間は電気を利用する際のスイッチの on-off をプログラムで制御することのよさを，生活の中で考えましょう。

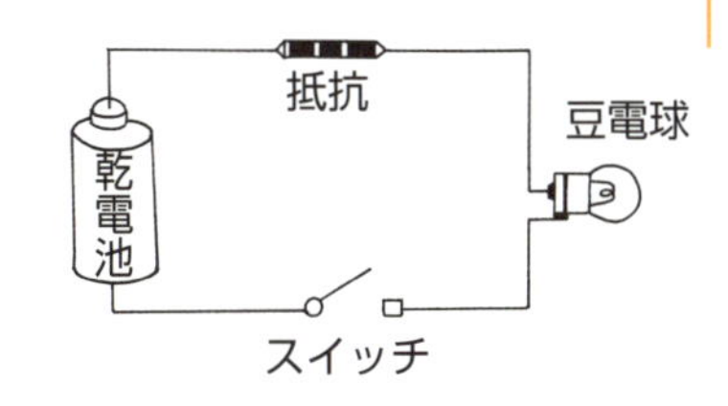

プログラミング教育のポイント

ここではスイッチをプログラムに置きかえる学習をしました。世の中には暗くなると電気がつくなど，センサーを利用した仕組みがたくさんあります。マイクロビットは温度や光センサーがついています。それらを活用した制御に発展させましょう。

ワークシート

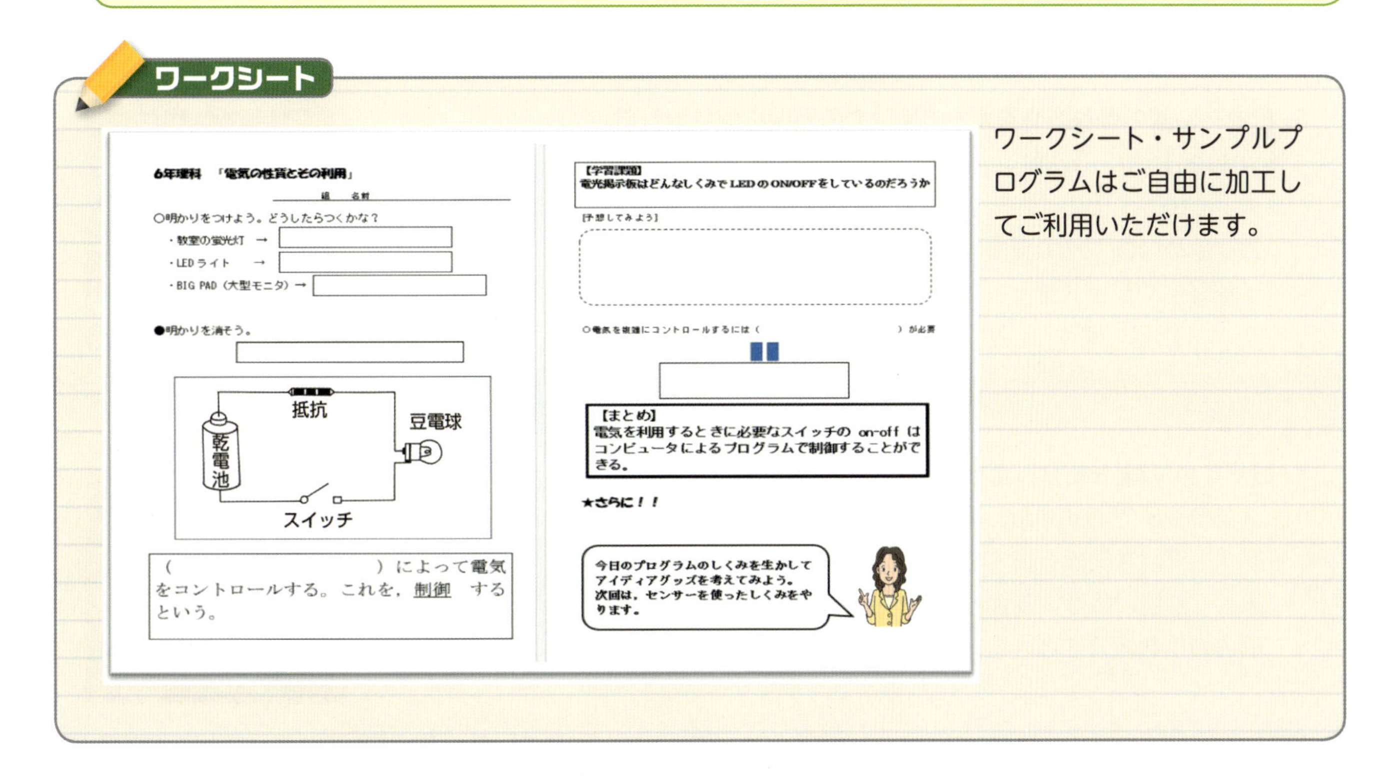

6年理科　「電気の性質とその利用」

組　名前

○明かりをつけよう。どうしたらつくかな？
・教室の蛍光灯　→
・LEDライト　→
・BIG PAD（大型モニタ）→

●明かりを消そう。

抵抗
豆電球
乾電池
スイッチ

（　　　　　　　　　）によって電気をコントロールする。これを，制御　するという。

【学習課題】
電光掲示板はどんなしくみでLEDのON/OFFをしているのだろうか

[予想してみよう]

○電気を複雑にコントロールするには（　　　　　　　）が必要

【まとめ】
電気を利用するときに必要なスイッチの on-off はコンピュータによるプログラムで制御することができる。

★さらに！！

今日のプログラムのしくみを生かしてアイディアグッズを考えてみよう。
次回は，センサーを使ったしくみをやります。

ワークシート・サンプルプログラムはご自由に加工してご利用いただけます。

スクラッチで「観光案内」をしよう

6年外国語 「Let's go on a trip.」

言語等	スクラッチ
思考	分解　活用
学習形態	2人1台

ねらい

●**教科のねらい**

プログラミングでプレゼンテーションすることで，自分の行きたい国について英語で答えたり，相手の行きたい国について英語で質問することができる。また，世界には様々な国があり，それぞれに特色があることなど国際理解の考え方に気づくことができる。

●**プログラミング学習のねらい**

おすすめの国の紹介（観光案内）をするために，その国の食べ物や動物・世界遺産などの自然や建物を英語で紹介できるように，情報の表示方法を工夫することができる。

単元計画

1. 世界中の国々の名前と，発音の仕方を知る。
- 世界地図で場所の確認をする。
- 国名の表記の仕方と，発音の仕方を練習する。

2. 国旗当てクイズ
- 国旗の由来や意味を知る。
- クイズを通して，国旗と国名を結びつける。

3. 行きたい国の尋ね方や答え方の英語での表現に慣れ親しむ。

「Where do you want to go?」
「I want to go to ○○ .」
- おすすめの国やその理由の英語での表現に慣れ親しむ。
- 英語表現やジェスチャーをおすすめの国やその理由を友達に伝える。

〈本時〉

4. おすすめ の国を紹介しよう。「Let's go on a trip.」
- スクラッチでおすすめの国の観光紹介をする。
- 1ページ目は国旗と国名を紹介するクイズとする。
  2ページ目以降は，友達と英語で会話しながら，
  国の特徴を紹介する内容とする。

実践例

指導案・ワークシート・サンプルプログラムは，YouTube の動画画面の下に，リンク先が表示されます。
こちらからダウンロードしてください。

https://www.tsukuba.ed.jp/~programming/

やってみよう！

ビデオ　ビデオを見ながら実際にやってみよう！

導入　既習事項の確認をする

★前時までの確認をしましょう。
　・国旗当てクイズ　・国名当てクイズ

★いくつかの国を取り上げ，知っていることを出し合いましょう。
　・食事　・世界遺産　・民族衣装　・気候

★チャンツをしましょう。
　・Where do you want to go?
　　I want to go to ○○ .
　　I want to eat ○○ .

★それでは今日は，おすすめの国の観光案内をつくって，英会話をしましょう。

展　開　スクラッチを使ってプレゼンテーションスライドをつくりましょう

★web 上の「scratch2.0」にアクセスします。
★「スクラッチで作る」を選びます。

★では，いよいよスタートです。
　この画面をエディターといいます。

他教科・他学年との関連

調べ学習の発表場面で，表現活動の一つとして活用することができる。

STEP1　紹介する画像を準備する

★まず，おすすめの国を紹介するクイズの準備をしましょう。
　ワークシートをもとに，進めます。
　①　おすすめの国を選びます。
　②　「食べたいもの」「見たいもの」「国の特色」「気候」など，
　　　おすすめの理由を調べてワークシートに記入します。
★おすすめの国紹介クイズにする内容が決まったら，
　スクラッチを始めます。
★背景を決めます。
　①　教科書やデジタル教科書，web などを利用して画像として読み込み，ファイルに保存します。
　　　エディターの左下「新しい背景」をクリックし，ファイルを指定して読み込みましょう。
　※著作権法上の学校の授業での利用を超える場合には，著作権者の許諾が必要になります。
　②　第 1 問～第 4 問の問題のヒントとなるイラストを取り込み
　　　ファイルに保存しておきます。
　　　新しいスプライトとしてファイルを指定して読み込みます。

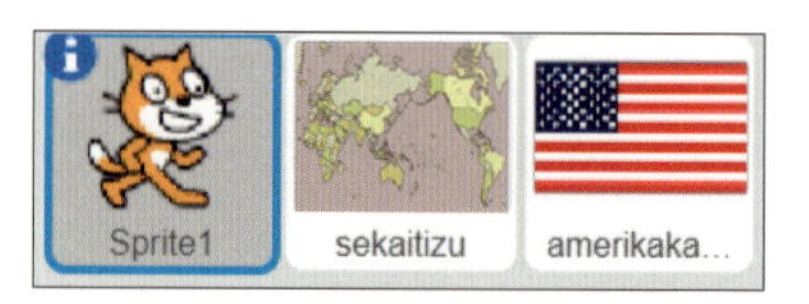

STEP2　国旗・国名クイズをつくる

★最初のイントロダクションをつくります。
　案内役のスプライトをクリックしてください。
　①　「緑の旗がクリックされたとき」をドラッグします。
　②　見た目ブロックから「「Hello!」と (2) 秒言う」をドラッグします。
　　　「(今日はおすすめの国を紹介するね) と言う」をドラッグします。
　③　「(では始めよう) と言う」を接続します。
　④　イベントブロックから「(では始めよう) を送る」をドラッグします。

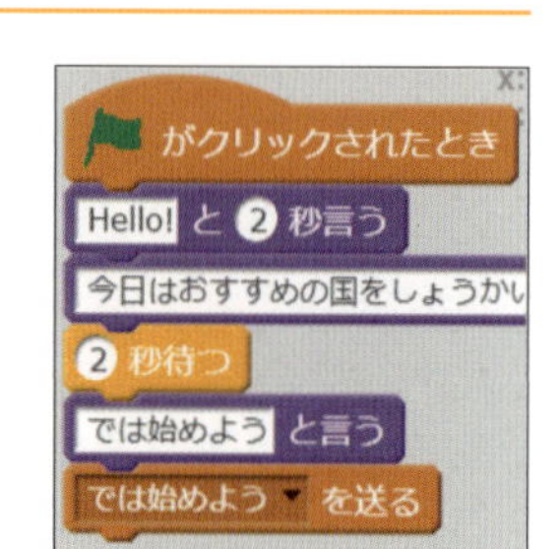

★第 1 問をつくります。（案内役スプライトは同じ）
　⑤　イベントブロックから「(1) を受け取ったとき」をドラッグします。
　⑥　調べるブロックから「(Where is this country?) と聞いて待つ」 をドラッグします。
　⑦　ゆっくり考えるために「(1) 秒待つ」をドラッグします。

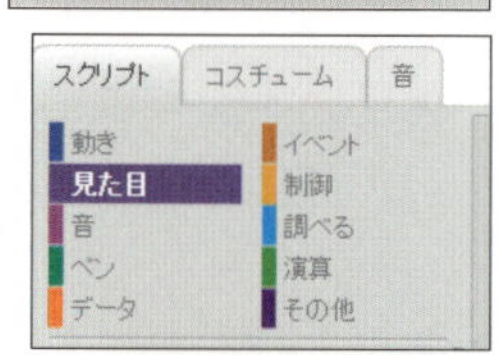

★答えをつくります。
　⑧　制御ブロックから「もし(答え=アメリカ)または(答え=USA)なら」
　⑨　「(あたり！) と (2) 秒言う」「(1) 秒待つ」をドラッグします。
　⑩　でなければ「(ちがうよ) と (2) 秒言う」「(1) 秒待つ」
　　　「(ヒントは自由の女神がある国) と (2) 秒言う」をドラッグします。
　⑪　「(This is the United States of America) と (2) 秒言う」
　⑫　「(2) を送る」をドラッグして，次につなげます。
★国旗・国名クイズは完成です。緑の旗をクリックして確認しましょう。

STEP3 観光案内のスライドをつくる

★次に正解した国（アメリカ）の観光案内のスライドをつくります。

① 調べた内容のスプライトをつくります（ここでは首都，食べ物，文化，スポーツ）。
新しいスプライトから「capital」「Foods」「culture」「Sports」の４つをつくります。

- ４つのスプライトそれぞれに，「緑の旗がクリックされたとき」「表示する」「背景が（背景１）になったとき」「表示する」をドラッグします。

② 文字にマウスポインターが触れると，写真が出るプログラムをつくります。

- 「capital」「Foods」「culture」「Sports」を紹介する写真をアップロードして新しいスプライトをつくります。
- 写真を文字のスプライトの上に配置します。
- 「緑の旗がクリックされたとき」「隠す」をドラッグします。
- イベントブロックの制御ブロックから「ずっと」をドラッグし，そこに制御ブロックの「もし～なら～でなければ」を挟みます。
- 調べるブロックから「（マウスポインター）に触れたなら」「（2）秒待つ」「表示する」「でなければ」「隠す」をドラッグします。※他の写真スプライトにも同じようにプログラムします。

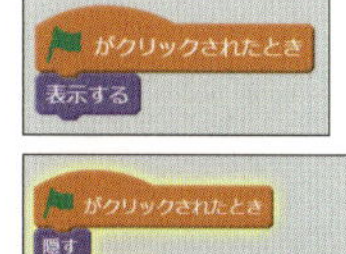

★文字にマウスポインターが触れたら，写真が出るかを確かめましょう。

まとめ　英語で会話をしながら観光案内をしよう

★作ったプログラミングを見せながら，友達に「おすすめの国紹介」をしましょう

- まずは，国旗と国名を紹介するクイズをします。「Where do you want to go ?」を使いましょう。
- 次に，英語で質問したり，紹介したりしながら楽しくおすすめの国の観光紹介をしましょう。

※紹介するための英語表現を事前に練習させるとよいでしょう。

★わかりやすい観光紹介ができるように，時間を変える，写真の出し方を変える，説明文を入れるなどの工夫もできます。

プログラミング教育のポイント

これまでもクイズのプログラミングはつくっています。今回は，それに加え児童同士の英語のやりとりが進むように，ポップアップの仕組みを使いました。英会話が弾むようなタイミング・表示の方法などを考え，プログラミングを工夫させるとよいでしょう。

ワークシート

６年　外国語活動「Let's go on a trip.」

年　組　名前

Where do you want to go?
I want to go to ○○.

○いろいろな国を調べよう。

国旗　○食べもの ○首都　○世界遺産	国旗　○食べ物 ○首都　○世界遺産
国旗　○食べ物 ○首都　○世界遺産	国旗　○食べ物 ○首都　○世界遺産
国旗　○食べ物 ○首都　○世界遺産	国旗　○食べ物 ○首都　○世界遺産

ワークシート・サンプルプログラムはご自由に加工してご利用いただけます。

第2章－2

これならできる 小学校教科での プログラミング教育 応用編

アンプラグド
忘れ物をしないためには

1 年特別活動	よりよい学校生活のために	言 語 等	アンプラグド
		思　考	分解　アルゴリズム　振り返り
		学習形態	個人

ねらい

家に帰ってからの自分の行動を振り返り，一連の行動を「分解」することで，忘れ物をしてしまう原因をつきとめることができる。その原因を改善するために，自分が最もミスなく準備を行うことができるように，行動を組み合わせることができる。

授業のながれ

導　入

1. クラスで忘れ物が多い場面を考える。
2. 自分の帰宅後の行動の仕方を振り返る。
3. 本時の課題をつかむ。『忘れ物をしないための行動を考えよう』
4. 本時の学習と作業の流れを知る。

展　開

5. 帰りの会から，自分の帰宅後の行動を振り返り具体的に分解する。
6. 忘れ物をしないための行動とその順番を考える。
7. グループで互いの行動を見比べ，検討する。
8. 自分で最も最適と考える順番を決定し，フローチャートにかき込む。
9. グループで発表し，共有をする。

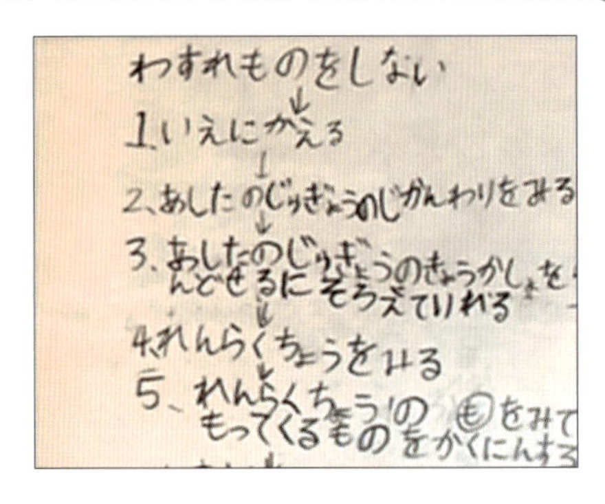

まとめ

10. 学習を振り返り，忘れ物をしてしまう原因についてワークシートに記入。
11. 忘れ物をしないためには，行動パターンをくり返すことを知る。

授業のポイント

ワークシートは児童の発達段階に応じて，順次処理をしたり，条件分岐をさせたりしましょう。
客観的に振り返るために自分の行動パターンを分解します。それらを適切に並べることで，自分の生活をよりよくすることができます。

エムボット
「ダンボールロボット」を動かそう！

3年つくばスタイル科	防災	言語等	エムボット
		思考	分解　記号化　アルゴリズム
		学習形態	1人1台～グループ1台

ねらい

災害現場でのロボットの動きから，どのようなプログラムなのかをフローチャートで予想し，それをもとに実際にプログラミングすることができる。また，意図した動きを表現するために，効果的な手順を考えたり，友達とコミュニケーションをとったりすることで課題を解決することができる。

授業のながれ

導入

1. 本時の課題をつかむ。
『自分でつくったロボットをプログラミングしよう。』
2. 学習の流れを知る。

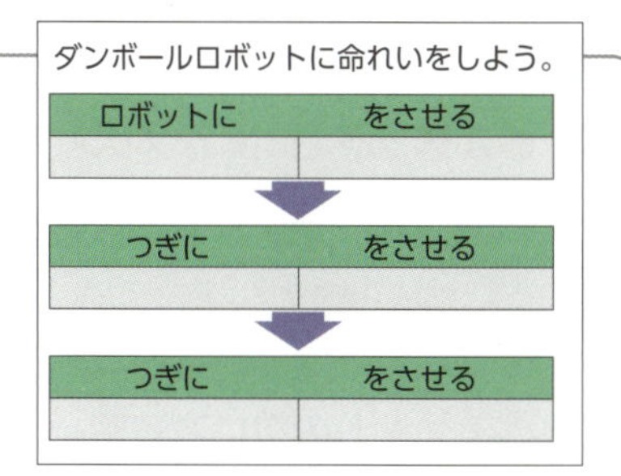
ダンボールロボットに命れいをしよう。

ロボットに	をさせる

↓

つぎに	をさせる

↓

つぎに	をさせる

展開

3. ロボットをデザインする。
4. ロボットをつくる。
5. エムボット※アプリでプログラミングをする。
6. フローチャートの予想をもとにプログラミングをする。
7. ある程度できてきたら自由にプログラミングをする。

※エムボット…NTT ドコモ「39works」から生まれた新しいプログラミング教育用ロボットで，子供たちが自由に創造性を発揮できるように，ダンボールを用いてつくられており，これにより子供でも簡単に自分だけのロボットにつくり直すことができるもの。

まとめ

8. 上手くいったプログラミングを紹介し，実際によかったところを学級全体で共有して活動を振り返る。

授業のポイント

ロボットのプログラムを予想するには細かい分解が必要であることを理解させます。分解した動きを，プログラムにかき表すことは，記号化・抽象化の作業になります。同じ動きをしても，異なる組み合わせになることもあります。それぞれのプログラムのよさなどを話合わせることもできます。

ビスケット
「クリスマスカード」をつくろう

小学校 クラブ活動	クラブ活動	言語等	ビスケット
		思考	分解
		学習形態	1人1台～2人1台

ねらい

児童の興味・関心に応じて学習内容を選択するクラブ活動は，教科のねらいに捉われない，創造的なプログラミング作品をつくることができる。この活動ではイメージした動きを分解して捉え，これらを組み合わせることができる。

授業のながれ

導入

1. ビスケット※によるクリスマスカードづくりの説明をする。

※ビスケット…ビジュアルプログラミング言語の一種。絵の変化によってプログラミングを直感的に理解できるプログラミングアプリケーションソフト。

展開

2. ビスケットの使い方説明。
3. 各自，ビスケットの使い方をカードを作成しながら習得していく。
   - タブレット１人１台
   - ビスケットの使い方練習
   - クリスマスカードの作成

4. 制作したカードを学校 HP にて公開する。

まとめ

5. １人１人が制作したカードをお互いに鑑賞し合い，
   工夫点や改善点を見つけ，今後の活動に生かす。

授業のポイント

初めてプログラミングを学習する全ての児童が成功体験できるように，ビジュアルでわかりやすい「ビスケット」を活用しました。学校 HP にその成果をアップすることで成就感を実感させることができます。

アンプラグド

複数の料理手順を最適化しよう

6年家庭科	工夫しようおいしい食事	言語等	アンプラグド
		思考	分解　アルゴリズム　振り返り
		学習形態	グループ

ねらい

ジャーマンポテト，ゆで野菜サラダ，コンソメスープを45分以内に調理する。おいしい料理を提供するために，料理の工程を適度に分解し，組み合わせを考えて計画を立てることができる。また，調理実習を振り返ることで，分解や組み合わせを最適化することができる。

授業のながれ

実習計画（2時間）

1. 各料理の作業工程を分解し，付箋に記入する。
2. 分解した調理工程は付箋紙にかき込み，それを並べてタイムテーブルにする。
3. 完成したタイムテーブルと工夫した点を他班と交流する。

調理実習（2時間）

4. タイムテーブルに沿って，協力して調理する。
5. 改善の必要な場合は，タイムテーブルにかき込む。
6. 調理後，試食と後片付けをする。

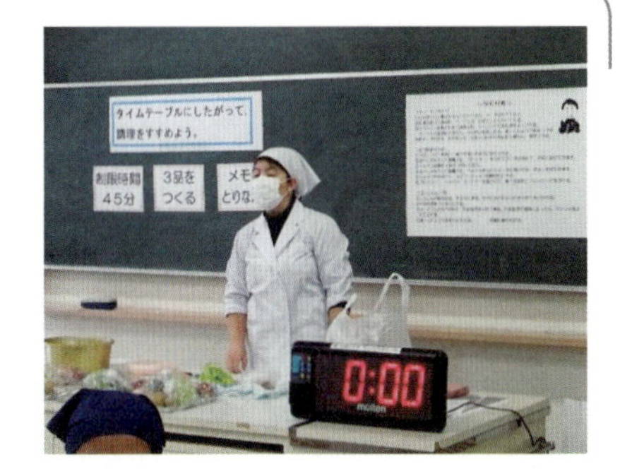

振り返り（1時間）

7. タイムテーブルを確認しながら，実習を振り返る。
8. タイムテーブルを修正する。
9. マルチタスクやプログラミングの技能との関連を考える。

授業のポイント

一番早い班でも52分でした。最初に鍋でスープをつくったため温野菜をゆでることができなくなった班もありました。調理実習は上手く進まないことが前提です。振り返りの時間に，改善案を考えるところがこの学習の一番の学びです。振り返りによって，これからの生活に生きる力になります。

アーテックロボ

調査船ロボットで霞ヶ浦を救おう

6年つくばスタイル科	環境教育（SDGs）	言語等	アーテックロボ※
		思考	分解　記号化　アルゴリズム　振り返り
		学習形態	グループ1台

ねらい

生き物や人間の暮らしと水とのかかわりを考え，環境保全意識を高める活動の中で，実際に水質調査を行った。その経験から，水質の変化を的確に捉えることが大切であることがわかった。そこで将来自動で調査できる調査船の運航に向け，霞ヶ浦の形に合った動き方を考え，ロボットを調査船に見立てたプログラミングをすることができる。

※アーテックロボ…ブロックで遊びながら形を組み立て，プログラミングをして思い通りの動きを与えるプログラミングロボットキット。

授業のながれ

導入

1.学習課題をつかむ。
『霞ヶ浦の水質を効率よく調査できるだろうか』

2.プログラミング学習の必要性を知る
・自動運転の技術にはプログラミングが利用されており，環境保全の調査のように毎日欠かすことのできないが，手間や時間のかかるものにこそ，ロボットの導入が効果的であることを確認する。

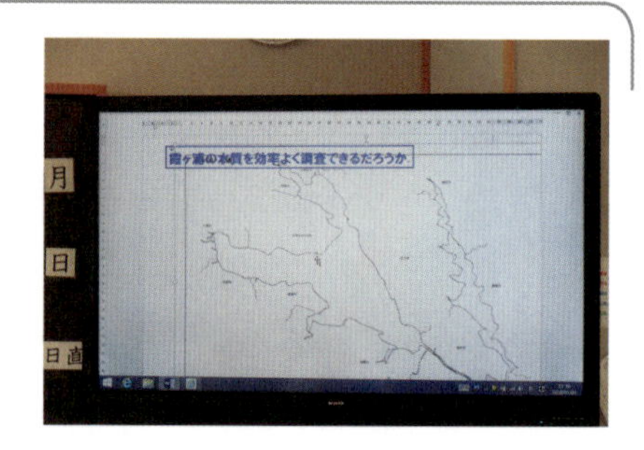

展開

3.アーテックロボをグループで組み立て，効率のよい動きをプログラミングする。
4.課題解決のために，1カ所行って帰ってこれたら次の地点を目指すなど，スモールステップで行う。
5.うまくいかなかった理由を追求し，プログラムの修正を行う。

まとめ

6.本時の学習を振り返る。
上手くいったプログラムを紹介し，学級全体でよかったところを共有して活動を振り返る。

授業のポイント

初めから難しい動きをさせようとせず，単純な動きからスモールステップで課題を解決します。プログラムを修正するための問題解決のプロセスをくり返し行うことで，プログラミング的思考を獲得することができます。比較的安価で汎用性が高く高性能なロボットであるため，課題の設定を幅広く柔軟に行うことができます。

ボーカロイド教育版
とんびの鳴き声を音で表そう

4年音楽	作曲活動	言語等	ボーカロイド教育版
		思考	分解　記号化　アルゴリズム　振り返り
		学習形態	グループ1台

ねらい

音程の変化による表現の違いを感じながら，音程を工夫して旋律をつくることができる。ボーカロイド教育版※を使用し，既習の曲（「とんび」）の，音の高さを考えながらプログラミングしていく。意図した通りに表現できているかを確かめながらつくることができる。

※ボーカロイド教育版…歌声合成ソフト「VOCALOID™」を学校教育用に最適化した，パソコン・タブレット端末用ソフトウェア。楽譜が読めなくても直感的に，そして試行錯誤しながら楽しく「歌づくり」を学習することができる。

授業のながれ

導入

1. 本時の課題をつかむ。
『「とんび」が鳴く様子を音の高さを工夫して表そう。』
2. ボーカロイドでプログラミングした「とんび」の画面を見ながら歌う。
3. 縦と横の関係と音の高さと長さとの関係を確かめる。

展開

4. 「ピンヨロ」の音程を工夫してアレンジする。
5. とんびが飛ぶイメージと音の高さをグループで共有する。
6. リズムを入力する。
7. 音程を動かす。
8. 入力した部分を聴く。
9. 修正をする。

まとめ

10. グループごとに発表する。
本時の学習を振り返る。

授業のポイント

グループ全員のイメージが音に表れているかを聴いたり歌ったりしながら確かめ，共有しながら進めるようにします。イメージとのずれや違和感などの修正をくり返しながら，ちょうどよい音程を見つけられるようにします。

ビュートレーサー

コースに合わせて動かそう！

3年つくばスタイル科	プログラミング	言語等	ビュートレーサー（ビュートビルダー®※）
		思考	分解　記号化　アルゴリズム　振り返り
		学習形態	1人1台　グループ1台

ねらい

　それぞれのコースに合った動き方に分解し，自分なりに組み合わせて，ビュートレーサーが思い通りに走るようプログラミングができる。上手くいかなければなぜ上手くいかないのかを振り返り，再度プログラミングをする中で，よりよい組み合わせができる。

授業のながれ

※ビュートビルダー® …クルマ型ロボット「ビュートレーサー」を PC と接続してプログラムを作成するためのソフトウェア。マウスで命令のブロックを並べて矢印をつなぎ，フローチャートを作成することで簡単にプログラミングできる。

導入

1. 本時の課題をつかむ。

『コースに合わせてプログラミングをして，車を走らせよう』

2. 学習の流れを知る。

展開

3. コースを選び，プログラムを考える。

4. プログラムができたら転送する。

5. コース上で試走する。

（体育館に各コースを設定する）

6. 話合いエリアに戻り，プログラムの修正をする。

・試走で上手くいかなかった理由を考え修正する。

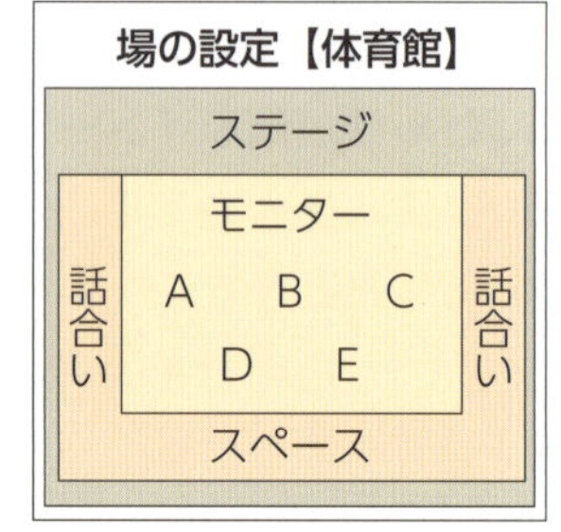

まとめ

7. 上手くいったプログラミングを紹介し，実際によかったところを学級全体で共有し，活動を振り返る。

授業のポイント

上手くいかなかった場合のプログラミングも共有し，学級全体で考えて解決することで，原因を解明し，根拠に基づいた修正を行います。また，同じコースを走るプログラムでも，組み合わせが違います。それぞれのプログラムのよさなどを話合わせましょう。

マインクラフト
これがぼくたちのまち

小中学校	自立支援	言語等	マインクラフト
		思考	分解　振り返り
		学習形態	1人1台

ねらい

コミュニケーションに課題のある児童たちである。今までにつくった自分の家や共同制作したものを元に，自分たちの街をどのようにしていきたいか話合う。町をつくりながらコミュニケーションすることで，自分の思いだけでなく，お互いの意見をすり合わせて，協力することができる。具体的には，マインクラフト※のマルチプレイを通して1つのワールドを共有することで，自分の意見を述べたり，異なる考えや行動を許容できる。

授業のながれ

※マインクラフト…自由にブロックを配置し建築などを楽しむことができるコンピュータゲーム。教育に使用するために特別に設計された教育向けエディションを使用。

展　開

1. ウォーミングアップ
簡単なSSTゲームに取り組む。

2. 本時の課題をつかむ。
『自分の家をつくろう。』
・本時の学習内容や作業の順序を知る。

3. マインクラフトで，家づくりをする。
※マルチプレイで1つのワールドを共有する。
(1) 協力する。
・協力した活動ができている場合には，『いいね！ポイント』などの視覚支援をする。
・児童の特性に応じ，タスクボイスなどの音声ソフトによる交流もさせる。
(2) 進捗状況の確認をする。
・「イメージマップ」でメンバーの進捗状況を可視化する。
(3) 一人でつくる。
・基本的には一人でプレイするが，他の児童と関わりも可能とする。

4. 学習の振り返りをする。
・単元を通して同じ評価カード（レーダーチャート）を使い，前時と比べてどうであるか，一人のときと協力したときの気持ちの変容を振り返る。

授業のポイント

自分の思いを主張することは得意だが，互いの意見をすり合わせることが難しい児童は多い。バーチャルな世界のコミュニケーションを手がかりに，対面のコミュニケーションが始まるように展開させましょう。マインクラフトは，スクラッチと組み合わせることで，記号化を学ぶことができます。

スタディノート
プログラムを交流しよう！

つくばスタイル科	プログラミング	言語等	ビュートレーサー（ビュートビルダー®） ロボホン（スクラッチ）
		思考	振り返り
		学習形態	1～2名1台

ねらい

教育支援ソフトスタディノートは電子掲示板機能を活用して自分のプログラムをアップロードすることができる。市内の遠く離れている友達ともプログラムの共有ができ，お互いにそれらを交流させながら，よりよいプログラムをつくり出すことができる。さらに，プログラムについての感想や意見も同時に交流することで，より協働的にプログラムを構築する楽しさを味わうことができる。

授業のながれ

導入

1. スタディノートからプログラムを開く。（ビュートレーサー，ロボホン）
2. 課題に沿って，プログラミングを行う。
例：ビュートレーサー（ライントレース）
　　ロボホン（会話プログラム）など

展開

3. 完成したプログラムを電子掲示板にアップロードする。
・プログラムのタイトルをつける。
・プログラムの目的，特徴，大変だったこと，困っていることなどのコメントもつける。
4. 電子掲示板の他の人のプログラムを見て，考える。
・これは何のプログラムかな？
・もっとこうすると，こういうことができるかな？
・困っていることを解決してあげよう！

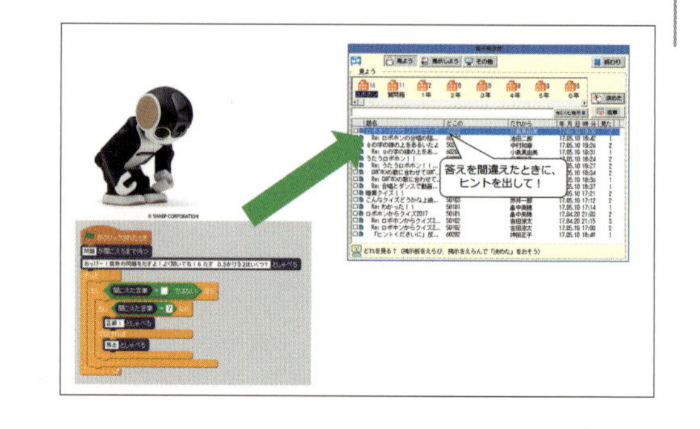

まとめ

5. スタディノートのメール機能で返信したり，テレビ会議システムを活用してプログラムについて意見交流する。

授業のポイント

他者の考えに触れることで，より多角的にプログラムを見直すことができます。協働しながらより功利的，帰納的なプログラムの創造を目指し，課題解決を行えます。感想は相手を思いやる気持ちを持たせることが必要でしょう。

ビュートレーサー，スクラッチ，マインクラフト

さわってみよう！やってみよう！プログラミング

中学校部活動 科学部

小中交流

言語等	ビュートレーサー（ビュートビルダー®） スクラッチ マインクラフト
思考	分解 記号化 アルゴリズム 振り返り
学習形態	1～2名1台

ねらい

中学生が部活動で行っているプログラミング（ビュートレーサー，スクラッチ，マインクラフト）を小学生に紹介し操作を教える。操作の仕方を教えることで，中学生は，わかりやすく説明するために内容を論理的に組み立てることができる。また，小学生は初めてのプログラミング体験を身近な中学生に教わることで，より興味関心を持つことができる。

授業のながれ

導入

1. 中学生がプログラミングプレゼンテーションを行う。

「ビュートレーサー，スクラッチ，マインクラフト」

プログラミングの楽しさなどを伝える。

2. 今日の活動の流れをつかむ。

「ビュートレーサー班」「スクラッチ班」に分かれる。

展開

3. ビュートレーサー班（ペアでもよい）

① スタディノートから立ち上げる。

② 基本のプログラムを教わる。（直進・左折・右折）

③ 中学生のデモンストレーションプログラムを参考にプログラムをつくる。

4. スクラッチ班

① スプライトを動かす方法を知る。

② 新しいスプライトを追加して思ったように動かす。

まとめ

5. 今日の活動の感想と感謝を中学生に伝える。

授業のポイント

義務教育や小中一貫教育の一つとして中学生が小学生に教えることは大変効果のある活動です。

中学生は事前にフローチャートを準備することでプログラミング的思考を高めることができます。

下学年への指導は，プログラミングだけでなくICT機器の活用全般に有効です。

マインクラフト，レゴマインドストーム，ボーカロイド，ビュートレーサー

つくばキッズプログラミングフェスタ

小学校課外活動
行政

体験研修

言語等	マインクラフト　ビュートレーサー（ビュートビルダー®）　など
思考	分解　記号化　アルゴリズム　振り返り
学習形態	1人1台～4人1台

ねらい

つくば市総合教育研究所では小中学生向けのプログラミング研修講座を開催している。学校で様々なプログラミング体験をしているが，時間の制約があるため，自由な発想を生かしきれない。そんな子供たちのために，この講座を開催している。

研修のながれ

展開　午前中：小中学生対象，午後：教師対象

1. マインクラフト　対象：5～9年生

内容：教育版マインクラフトでプログラミング体験をしてみよう！
マインクラフトのキャラクタを使って，みんなでワールドをつくる。

2. レゴマインドストーム　対象：7～9年生

内容：レゴのロボット型プログラミング教材を使ったワークショップ。
2人1組で基本プログラムを学び，ライントレース，迷路脱出などの課題に挑戦する。

3. ボーカロイド　対象：3～6年生

内容：ボーカロイド教育版で歌づくりに挑戦！
タブレットを使って直感的に，そして試行錯誤しながら楽しく「歌づくり」をする。

4. ビュートレーサー　対象：3～6年生

内容：学校でふだん使っているスタディノートで，
ロボットカーを動かしてみよう！１人１台のタブレットとロボットカーを使って，ライントレースに挑戦する。
スタディノートからプログラムを開く。

研修のポイント

プログラミングの醍醐味は，創造的な制作活動にあります。子供たちの自由な発想を大切にプログラミングをさせます。また，午後は同じ活動を教師に対して行います。先生方も「とても簡単で楽しい」という意見が寄せられました。

リナックスサーバー（ラズベリーパイ 3）

サーバーを構築してIT企業をめざそう！

中学校課外活動 行政	未来の IT 人材育成	言語等	リナックスサーバー（ラズベリーパイ 3）
		思考	分解　記号化　アルゴリズム　振り返り
		学習形態	1人1台

ねらい

未来の世界の IT をリードする人材を育てることを目的として，ITインフラに興味を持ち自ら問題を解決し成長する中学生に対して，サーバー構築やネットワークに関する体験イベントを実施している。大学や企業と連携することでより高度なプログラムスキルを身に付けさせる。

授業のながれ

展開

1. 参加者

つくば市内に在住する中学生で，パソコン操作ができ，「TCP/IP」「ポート番号」などの意味がわかること，インターネットサーバー構築に興味があること。

2. 内容

○セキュリティに関する講義（サイバーセキュリティ専門家）
- 技術は大切なこと人の役に立つことに使うこと。
- 違法なサイトを公開してはいけない。

○インターネットサーバー構築に関する講義

○実習
- リナックスサーバー（ラズベリーパイ 3）を 1 人 1 台ずつ配付。
- サーバーを光ファイバー専用線に接続，グローバル固定 IP アドレスを割り当て。
- Apache を用いて簡単な Web（HTTP）サーバーを構築。

○サーバー設置
- 総合教育研究所内にサーバーを設置し，インターネット常時接続。中学生は家庭からリモート接続し，サーバー構築が可能。

授業のポイント

学校の教育活動のみでは，突出した ICT スキルを持っている生徒が，その能力を最大限に生かす場がありありません。そこで，総合教育研究所などの研修施設は，そうした生徒の能力を育成する場を設定することが大切でしょう。高度な技能だけでなく，サイバーセキュリティに関する知識をも深めています。

マインクラフト

僕たちの夢のまちつくば

中学校部活動 科学部	まちづくりプロジェクト	言語等	マインクラフト
		思考	分解　記号化　アルゴリズム　振り返り
		学習形態	1人1台

ねらい

マインクラフトのワールドを共有して街づくりに必要な課題を設定することができる。それらを解決するための情報を「収集」することを通し，座標を割り出したり，必要面積を設定する。協働作業によって，友達の考えや合意形成をすることで，他者のとのかかわりを身に付けることができる。

授業のながれ

導入

プレゼンの流れ
1. なぜこのプロジェクトを考えたか
 1.1今のつくば市の現状
 1.2コンセプトについて
 1.3MINECRAFTについて
2. プロジェクト現状
 2.1建物の配置
 2.2街の現状
 2.3

1. 自分たちの生活しているつくば市について考える。
- 住みやすい点　・住みにくい点

2. プロジェクトの計画をつかむ。
『僕たちの夢のまちつくばをつくろう』

展開

3. プロジェクトの計画を立てる。
- コンセプトの設定　・マルチプレイのルール
- 役割分担　・制作日程

4. 制作についての計画を立てる。
- エリア設定　・座標の設定　・制作手順

5. マルチプレイ開始

まとめ

6. プレゼンテーション
- プレゼン用動画作成　・台本づくり　・スライドづくり

授業のポイント

分担ごとにフローチャートを並べるなどしてよりよい手順を相談し，最も効率よく建築するための手順を考えさせましょう。全員が共有して作品をつくりあげるには，ルールと手順の共有が大切であることを理解させます。プレゼンテーションコンテスト（次ページ参照）などに参加することで目的意識や意欲喚起をするとよいでしょう。

スタディノート
プログラミングプレゼンテーションをしよう

小中学校
校外活動 行政

未来の IT 人材育成

言語等	スタディノート　スクラッチ　マインクラフト
思考	振り返り　活用
学習形態	グループ１台

ねらい

プログラミングは子供たちの創造力を育むために必要なものである。そのよさは，学校の枠を超え，日本中，世界中の人々に自分がつくったプログラミングを発表してこそ，価値が高まる。そこで，児童生徒が作成したプログラミングを発表する場を「プログラミングプレゼンテーション」として行政が提供している。

授業のながれ

展開

４月　市内の情報教育担当者に対して
「プログラミングプレゼンテーション」の開催に関して説明する。

４月～９月　各学校にてプログラミング学習を展開する。

10 月　児童生徒が自ら作成したプログラミングを
下記の観点でプレゼンテーションする。
- なぜこのプログラミングをつくろうと考えたのか。
- それを実現するためにはどのようなプログラミングを選んだか。
- プログラミングを作成しているときに工夫した点や苦労した点は何か。
- 自分が制作したプログラミングの成果は何か。
- 今後どのようなプログラミングをつくっていきたいか。

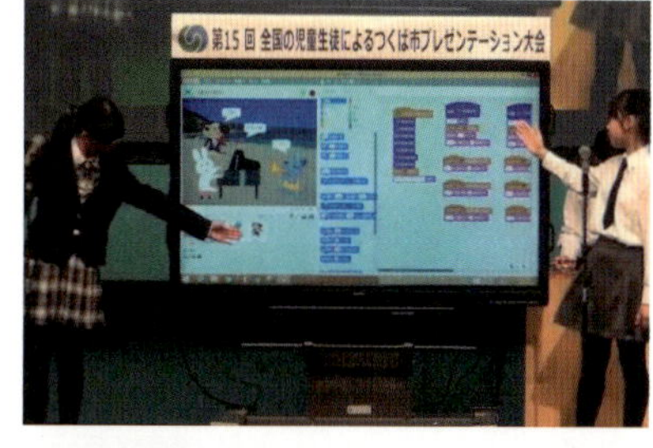

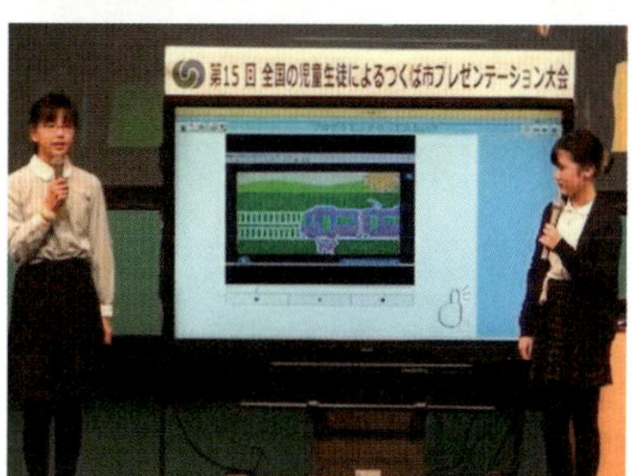

11 月　「プログラミングプレゼンテーション」開催。
- 市内の学校が集まって，電子黒板で自分が作成したプログラミングをプレゼンテーションする。
- プレゼンテーションしたものは，全世界の人に向けてHPに公開する。

授業のポイント

ただ単にプレゼンテーションするのではなく，プログラミングにおける問題解決型学習のプロセスをプレゼンテーションすることが重要であることを知らせましょう。市内全体が取り組み，その成果をフィードバックすることで，市全体のレベルアップを図ることができます。

育成を目指す情報活用能力一覧表

第1 カテゴリ		第2 カテゴリ		各学年の目標リスト 小学校：低学年
A	知識・技能	1	〔情報と情報技術を適切に活用するための知識と技能〕 ①情報と情報技術の仕組みや特性の知識 ・一連の情報伝達過程についての知識 ・情報伝達過程（収集・判断・表現・処理・創造・発信・伝達）における多様な情報手段の存在 ・情報と情報技術の一般的な特性 ②情報と情報技術の操作に関する基本的な技能 ・コンピュータあや周辺機器操作・ソフトウェア操作（ファイル操作を含む）・文字入力	①課題や目的に応じ ICT 機器等を活用して， 情報を収集することができる ・基本的な入力（キーボード，マウスなど）， 出力（プリンタ，モニタなど）装置を使うことができる ・コンピューターの基本的な操作（起動・終了・ファイル保存）ができる ・インターネットを使って必要な情報を調べることができる ・デジタルカメラなどの情報機器を利用して， 写真や音声を記録することができる ②課題を見付けるために， 収集した情報を取捨選択することができる ・スタディノートを活用して， 絵や文字で「ノート」を書くことができる ・電子黒板で，動画や写真を映し，クイズなどに利用できることを知る
		2	〔情報と情報技術を活用して問題を発見・解決するための方法についての理解〕 ①問題発見・解決や評価についての基礎的な理論や方法の理解 ・問題の発見・解決や評価の方法と，目的や状況に応じて，その方法を適切に選択・活用する必要性や有用性 ・問題の発見・解決や評価のための，適切な情報収集，整理・分析・判断，表現・送出，発信，共有等に関する理論・方法	①様々なメディアや体験学習を通して感じたことから「なぜ」「何」「どんな」の課題をもつことができる ・様々なメディアにふれることができる（インターネット，テレビ，携帯，ラジオ新聞，書籍，雑誌等） ・メディアからの情報について，自らの課題とあった情報を選択し，理解することができる ・メディアからの情報を他者と共有することができる（共有フォルダへの保存，掲示板等の活用）
		3	〔情報社会の進展とそれが社会に果たす役割と及ぼす影響についての理解〕 ①情報や情報技術が社会に果たす役割や及ぼす影響についての解 ・情報社会の進展（歴史・情報システム等含む） ・情報化社会が社会生活や産業等に果たす役割と及ぼす影響（恩恵・課題と工夫，光と影） ・情報技術，情報化の必要性・配慮等 ・心身の健康	①情報技術がない時代と，現代との違いについて知ることができる ・情報技術が発達してきた歴史について知る ・情報技術の良さに気付くことができる
		4	〔情報に関する法・制度やマナーの意義と情報社会において個人が果たす役割や責任についての理解〕 ①情報モラルの必要性及び身につけるために必要な知識・技能 ・情報社会の倫理 ・法の理解と遵守（個人情報保護，著作権等を含む） ・情報に対する責任（不適切な行為についての知識とその回避必要性等） ②情報セキュリティの必要性及び身につけるために必要な知識・技能 ・セキュリティポリシー ・機密性，完全性，可用性（個人認証，アクセス制御，ウィルス対策，情報漏洩，不正行為・対策，危険回避等）	①友達の作品や作成物など，具体物を大切にすることができる ・友達の実際の作品や制作物やそれらをデジタル化したものに対しても大切にすることができる ②健康を害するような行動について考え，理解することができる ・情報技術の利用の仕方によっては，健康を害することを理解し，ルールや節度をを守って理利用することができる
B	思考力・判断力・表現力等	1	〔様々な事象を情報とその結び付きの視点から捉える力〕 ①事象を情報とその結び付きの視点で捉える力 ・プログラミングの視点やシステム的な発想からの分析・解釈 ・物事や現象などを要素として捉える ・対象を単なる要素の集合と捉えるのではなく，要素間にそれらを関連付ける固有な関係があるとして捉える ・目的や状況によってトレードオフ関係の視点で事象を捉える等	①事象を情報とその結び付きの視点で捉える力 ・身近な生活でコンピュータが活用されることにより，私たちの生活は豊かになっている事に気付く ・身近な生活でコンピュータが活用されていることや，それらはプログラミングによって制御されていることに気付く
		2	〔複数の情報を結び付けて新たな意味を見いだしたり，自分の考えを深めたりする力〕 ①複数の情報や考えを結び付けて新たな意味や価値を創造したり，考えを深化したりする力 ・精査した情報を基にした意味構築（対話，協働により複数の情報を結び付けた意味構築）	①複数の情報や考えを結び付けて新たな意味や価値を創造したり，考えを深化したりする力 ・他者の意見や考えを共有・情報交換し，新たな意味や価値を見みだすことができる ・自分の意見や考えと他者の意見や考え方を比較し，情報を精査することができる ・自分が意図する一連の活動を実現するために，大きな動き（事象）を解決可能な小さな動き（事象）に分解することができる
		3	〔問題の発見・解決に向けて情報技術を適切かつ効果的に活用する力（相手や状況に応じて情報を適切に発信したり，発信者の意図を理解したりすることも含む）〕 ①問題発見・解決の各過程における一連の情報活用（情報の収集，整理・分析，まとめ・表現） ・問題解決の各過程における情報収集・分析・編集，表現，（伝える相手や状況に応じた表現）	①問題発見・解決の各過程における一連の情報活用（情報の収集，整理・分析，まとめ・表現） ・必要に応じた情報の収集・整理を行うことができる ・問題解決に必要な情報を分析し，自分の考えをまとめることができる ・相手や状況に応じて情報を的確に発信することができる
C	学びに向かう力，人間性等	1	〔情報を多面的・多角的に吟味しその価値を見極めていこうとする態度〕 ①情報を多面的・多角的に検討しようとする態度・情意等 ・多面的・多角的に情報を検討する態度 ・情報とのかかわり方，多様性の尊重等	①情報を多面的・多角的に検討しようとする態度・情意等 ・情報に対し，自分の思いや考えを広げ深めることができる ・情報に対する様々な感想を出し合い，互いの感じ方の違いや捉え方の違いについて理解する ・情報に対する感想を共有しあい，相違点や類似点を認め合う
		2	〔自らの情報活用を振り返り，評価し改善しようとする態度〕 ①一連の情報伝達過程の各過程を適切に行おうとする態度・情意等 ・メタ認知（一連の情報伝達過程の各過程を客観的に捉える力，情報活用を統制する力）	①これまでの活動を振り返り，情報を扱う場面があったか，どのように扱ったかを見直し，それらについて話し合うことができる ・発信された情報がどのようにつたわっているかを考える
		3	〔情報モラルや情報に対する責任について考え行動しようとする態度〕 ①情報モラル ・情報社会の倫理 ・法の理解と遵守 ②情報セキュリティ	①情報モラル ・課題に必要な情報を本等から引用するときの約束事について理解し，進んで活用しようとする態度 ②情報セキュリティー
		4	〔情報社会に主体的に参画し，その発展に寄与しようとする態度〕 ①情報や情報技術を社会の発展に役立てようとする態度 ・情報社会への望ましい参画（情報社会の一員としての公共的な意識，責任ある行動） ・心身の健康	①情報を介して人と関わって生活する時のマナーを知り，守ろうとする態度がとれる ・話し合いをするときの情報の伝え方などのルールやマナーについて理解する ・様々なメディアから得た公共の情報を扱う時のるルールやマナーについて理解する

各学年の目標リスト	
小学校：中学年	小学校：高学年
①情報を自分なりに理解し，目的に応じて関連付けながら ICT 等を活用してまとめることができる ・ファイルを，フォルダを利用して整理することができる ・マウスを使って，図形を作成したり，図形の移動や変形を行ったりすことができる ・インターネットや印刷物等のメディアを閲覧して，適切な情報を集めることができる ②まとめたものを，友だちなどと意見交換し，さらに考えを深めることができる ・ブラウザの基本機能（リンク・お気に入りなど）を使うことができる ・宛先やタイトルを適切に入力して，電子メールを送ることができる ・電子掲示板等を利用して，人の意見を読んだり，自分の意見を書き込むことができる	①考えを ICT 機器やネットワークをを活用しながら相手に分かりやすく表現することができる ・デジタルノートアプリケーション（レポート作成支援ソフト）を活用し，調査したことや，意見等をまとめることができる ・様々なデータをコンピュータでグラフに表すことができる ・プレゼンテーションソフトを活用することができる ②研究所など外部機関と連携し，創造的な考えを生みすことができる ・適切な外部機関の HP を検索し，外部機関との連絡・連携をとることができる
①メディアからの必要な情報を見つけ出し，メモをしたり，コピーしたりして収集し，そこから問題を見つけることができる ・必要に応じてインタビューやアンケートなど，自ら情報を得ることができる ・集めた情報の共通点や相違点を話合い，整理することができる ・メディアによる情報の伝え方の違いに気付くことができる	①興味あることや自分の調べたことを関連付けて，問題を絞り込み課題を設定することができる ・ICT 機器を活用して，問題の発見・解決の方法を理解できる ・ICT を活用して問題解決のために計画を立てたり，状況を管理したりすることができる ・課題を解決するために話し合い，解決のための仮説を作り出すことができる ・ICT を活用して情報を共有したり，討論の際に根拠を示すことができることを理解している
①社会生活や産業における情報技術の果たす役割について理解する ・ネットワークやコンピュータが日常生活に欠かせないものになったことを理解することができる ・身の回りの情報システムの種類や特徴を理解することができる ・情報技術の特徴に合わせた利用の方法や基本的な仕組みを理解することができる	①情報技術の必要性と果たす役割・影響について理解し，情報技術にどのように活用することが必要かを理解することができる ・情報技術のもたらす心身への影響について理解する ・インターネット上の情報にもモラルに反するものがあることを知ることができる
①情報の扱い方による影響について知り，自分の情報や友達の情報を大切にすることができる ・個人の権利（プライバシー，人格権，肖像権など）を尊重することができる ・真似・コピーとオリジナル（創意・工夫）との違いを知ることができる ②情報には誤ったものや危険なものがあることに気づくことができる ・インターネット上での適切な行動が何かを知り，判断することができる ・コンピュータウィルスの危険性を理解することができる	①個人の権利（人格権，肖像権など）を大切にすることができる ・自他の権利とプライバシーの侵害について知り，情報を正しく扱うことができる ・セキュリティーに対策についての具体的な方法について理解することができる ②情報には誤ったものや危険なものがあることや，ルール・マナーに反する行為を知り，適切に判断し行動できる ・個人情報保護や著作権について理解し，尊守することができる。また，尊守することの意義について他者と共有することができる
①事象を情報とその結び付きの視点で捉える力 ・プログラミング教材の仕組みを理解し，意図した処理を行うように指示することができる ・身近な生活をよくするための改善点を見付け，プログラミングの働きを生かす仕組みを考えることができる	①事象を情報とその結び付きの視点で捉える力 ・意図した処理を行うための最適なプログラムについて理解し，説明することができる ・社会生活をよりよくするために，改善点を見付け，プログラミングの働きを生かしたシステムを構築しようとすることができる
①複数の情報や考えを結び付けて新たな意味や価値を創造したり，考えを深化したりする力 ・他者の意見や考え方を共有・情報交換し，機能的に推論をして伝え合うことができる ・複数の情報や考え方を精査し，導き出される新たな意味や価値についてその根拠をまとめることができる ・自分が意図する一連の活動を実現するために，大きな動き（事象）を解決可能な小さな動き（事象）に分解し，解決のために組み替えることができること	①複数の情報や考えを結び付けて新たな意味や価値を創造したり，考えを深化したりする力 ・他者の意見や考え方を共有・情報交換し，帰納・類推・演繹などの推論を行って伝え合うことができる ・導き出された新たな意味や価値について再度精査し，創造革新を目指す力や言語力や協働力などの相互作用の力を高めることができる ・自分が意図する一連の活動を実現するために，大きな動き（事象）を解決可能な小さな動き（事象）に分解し，よりより解決のために組み替えることができる
①問題発見・解決の各過程における一連の情報活用（情報の収集，整理・分析，まとめ・表現） ・必要に応じた情報収集や整理を行い，対象についての分析を行うことができる ・自分の問題解決に必要な情報を選択し，分析・再考をし，解決策を見つけることができる ・相手や状況に応じて情報をわかりやすく発信するために，適切なツールを用いて表現することができる	①問題発見・解決の各過程における一連の情報活用（情報の収集，整理・分析，まとめ・表現） ・対象についての分析からの考察を行い，導き出された意見や考えをまとめることができる ・意見交換や共有を行う際に，発信者の意図を理解し，適切に応答することができる ・情報発信の際に，相手や状況に応じたツールを適切に活用して表現することができる
①情報を多面的・多角的に検討しようとする態度・情意等 ・情報に対し，自分の課題と結び付けたり，多様な情報と比較・検討したりすることができる ・情報を収集し比較する，選び取る，結び付ける，多面的に分析・整理することができる ・思考ツールを使って，多様な情報を発散，整理することができる	①情報を多面的・多角的に検討しようとする態度・情意等 ・情報を多面的・多角的に精査し，多様な情報と比較・検討しながら構造化することができる ・思考ツールを使って発散，整理した物を，課題に沿って再考することができる ・情報からの多様な見方・考え方を生かして，創造的な解決策を見いだす事ができる
①自分のこれまでの情報の接し方をふり返り，できるようになったことを認め，改善点を考えようとしている ・発信した情報の根拠について考え，適切な情報であるかを吟味することができる	①これまでのプレゼンテーションやプレゼン資料を作成するための情報の扱いについて振り返り，扱いが適切であったかを相互評価する ・相互評価して出てきた，情報の改善点や問題点について具体的な対応の仕方を考え，よりよいプレゼンテーション力の向上を図ることができる
①情報モラル ・情報を安全に活用し，個人情報を適切に扱おうとする ②情報発信や情報のやり取りの場合のルールやエチケットを守ろうとしている	①情報モラル ・情報モラルや情報に対する責任について考え，情報を正しく活用しようとしている ②情報セキュリティー ・不適切な情報や危険な情報に出あったときに適切に対応しようとし，セキュリティに対する意識を高める
①情報がもつ影響を考え，相手の気持ちや立場を考えたメッセージが送れる ・メールの送受信をするとき，相手の立場に立った文章や言葉を使うことができる ・情報の知的所有権や著作権の存在を知り，それらを考慮した情報発信の仕方ができる	①望ましい情報モラルについて理解し，自己責任のもと積極的にネットワークに参加することができる ・情報ネットワーク社会の存在を知り，情報のやり取りの際の基礎的なセキュリティ対策を理解し，情報発信をしようとする ・ネットワーク社会の基本的なルールや法律の理解と違法な行為による問題について理解して参加しようとする

情報活用能力の年間指導計画（1年）

教科	1学期				
	4月	5月	6月	7月	9月
国語		とんこととん（書き込み）A1 ① ことばあそび（デジタルドリル）A2 ①	こんなことしたよ（カメラ機能）B3 ①	おおきなかぶ（タブレット書き込み機能）B2 ① ほんのひろば（タブレットカメラ機能）A1 ①	かいがら（タブレット書き込み機能）B2 ① かんじのはなし（デジタルコンテンツ）A2 ①
算数		10までのかず なんばんめ いくつといくつ（ドリル教材）A1 ①	あわせていくつ ふえるといくつ（デジタルコンテンツ）A1 ①	のこりはいくつ ちがいはいくつ（デジタルコンテンツ）A1 ①	10よりおおきいかず（ドリル教材） なんじなんじはん（デジタルコンテンツ）A1 ①
生活	ともだち たくさん つくろう（情報活用）A1 ①	わたしの がっこう どんな ところ（情報活用）B3 ①	はなや やさいを そだてよう①（情報活用）A1 ①	わたしの つうがくろ（情報活用）A2 ①	いきものとなかよし（情報活用・プレゼンテーション）A2 ①・B3 ①
音楽			はくを かんじて リズムを うとう（プログラミング）B1 ①		いろいろなおとを たのしもう（情報活用）C1 ①
図工		「じぶんマーク」でみんなともだち（情報活用）A1 ①		いろいろならべて（情報活用）A1 ①・A2 ①	みて みて，いっぱいつくったよ（情報活用）A1 ①・A4 ①
体育					
つくばスタイル		生活の中でのルールやマナーを知る（情報モラル）C3 ①	身の回りのロボットについて考えよう（科学的理解）B1 ①		**プログラミングって何？（科学的理解）B1 ①**
特別活動		**自分の事は自分で「忘れ物をしないためには」（プログラミング）B1 ①**			

2学期					
10月	11月	12月	1月	2月	3月
かたかなをかこう（デジタルドリル教材）A2 ① わたしのはっけん（タブレットカメラ機能）A1 ①	「すきなものクイズ」をしよう（タブレットカメラ機能）A1 ①			**スイミー（プログラミング）B1 ①**	「おもいでブック」をつくろう（タブレットカメラ機能）B3 ①
ながさくらべ（情報活用）B3 ① たしざん（情報活用）B2 ①	ひきざん（情報活用）B2 ①	いろいろな形（カメラ機能）A1 ①	30 より大きいかず（カメラ機能）B3 ①	なんじなんぷん（情報活用）A1 ①	かたちづくり（情報活用）A2 ①
	あきと ふれあおう（情報活用）A2 ①	ふゆを みつけたよ（情報活用）A2 ①	かぞくで いっしょに おしょうがつ（情報活用）B3 ①	あさがおのかんさつまとめ（プログラミング）B1 ①	はるを さがそう（情報活用）A2 ①
				にほんの うたを たのしもう（情報活用）A2 ①	おとを あわせて たのしもう（情報活用）C1 ①
のばして ぺったん（情報活用）A1 ① A4 ①	かたちのかくれんぼ（プログラミング）B1 ①・B2 ①			できたらいいな，こんなこと（情報活用）B3 ①	
すきなものクイズをしよう（プログラミング）B1 ①・B2 ①			**スイミー（プログラミング）B1 ①・B2 ①**		
					ありがとう，六年生（情報活用）B3 ①・C2 ①

情報活用能力の年間指導計画（2年）

教科	1学期				
	4月	5月	6月	7月	9月
国語	こんなことがあったよ（画像）A1 ①	かたかなでかくことば（画像 A1 ① / コンテンツ）A2 ①		順序よく書こう（デジタル思考ツール）B3 ①	たからものをしょうかいしよう（画像撮影）A1 ①
算数	時こくとじかん / 時こくと時間（デジタルコンテンツ・ドリル）A2 ①	長さのたんい（書画カメラ / ドリル）A2 ①	2けたのたし算 / 2けたのひき算（デジタル思考ツール）B3 ①	100 より大きい数（画像撮影）A1 ① かさのたんい（デジタルコンテンツ）A2 ①	たし算の ひっ算（デジタル思考ツール）B3 ①
生活		さいばい：花ややさいをそだてよう（画像撮影）A1 ①	春の町で はっけん（画像撮影・プレゼンテーション）A1 ①		わたしの町はっけん（画像撮影，プログラミング）A1 ①・B1 ①・B2 ①
音楽		はくのまとまりを感じ取ろう（プログラミング）B1 ①・B2 ①	音の たかさの ちがいを かんじとろう（プログラミング）B1 ①・B2 ①		
図工		えのぐじま（画像撮影，イラストレーション）A1 ① B2 ①		**つづき絵どんどんお話大好き！「ふしぎなたまご」（アニメーション／プログラミング）B1 ①・B2 ①**	コロコロ大作戦（アニメーション / プログラミング）B1 ①・B2 ①
体育		いろいろな動きつくり遊び（画像撮影）A1 ①		表現遊び / リズム遊び（動画撮影）A1 ①	高跳び遊び／ハードルリレー（動画撮影）A1 ①
つくばスタイル	係活動・1年生を迎える会（画像撮影）A1 ①		ふやそう！自分にできること町探検（画像撮影）A1 ①	ふやそう！自分にできること町探検（scratch/ デジタルマップ）B1 ①・B2 ①	
特別活動	当番と係（イラスト機能カード作成）B2 ①	すすんできれいに（プログラミング）B1 ①・B2 ①			夏休みの報告会（書画カメラ・プレゼンテーション）A1 ①

2学期					
10月	11月	12月	1月	2月	3月
絵を見てお話を作ろう（画像撮影）A1 ①		むかし話をしょうかいしよう（画像撮影）A1 ①	おなじところちがうところ（画像撮影 / デジタル思考ツール）A1 ①		「ことばのアルバム」を作ろう（画像撮影）A1 ①
ひき算の ひっ算（デジタル思考ツール）三角形（デジタルコンテンツ）A2 ① B3 ①	かけ算（画像撮影 A1 ① / デジタルコンテンツ）A2 ①	長いものの長さのたんい（ドリル）A2 ①	1000 より大きい数（画像撮影）A1 ①	かけ算のきまり（デジタルコンテンツ / ドリル）A2 ①	分数（デジタルコンテンツ）A2 ①
みんなの はっけんを あつめよう（プログラミング・プレゼンテーション）B1 ①・B2 ①	町の人につたえたい（プログラミング・プレゼンテーション）B1 ①・B2 ①		自分はっけんはっけん自分のよいところ（デジタルノート作成）	ようこそ，自分はっけん はっぴょう会（プレゼンテーション）	
	ようすをおもいうかべよう（アニメーション）B1 ①・B2 ①		音を あわせて 楽しもう（プログラミング）B1 ①・B2 ①		
キラキラシャボンで（画像撮影）A1 ① B2 ①		あつめてならべていいかんじ（画像撮影）A1 ①	カッターナイフタワー（デジタルコンテンツ活用）	みつけたいろいろな顔（画像撮影・プログラミング）A1 ①	ちいさな美術館（Skype）A2 ①
	表現遊び（虫たちの冒険！）／リズム遊び（動画撮影）A1 ①	いろいろな動きつくり遊び（動画撮影）A1 ①		跳び箱遊び／遊具の遊び（遅延再生）A1 ①	
はじめようエコアクション（画像撮影）A1 ①		プログラミングって何？（プログラミング）B1 ①・B2 ①	外国語活動（Where　do you go?/ アンプラグド）B1 ①・B2 ①		
掃除の仕方を見直そう（アンプラグド）B1 ①・B2 ①			家のお手伝いをしよう（画像撮影）A1 ①		

情報活用能力の年間指導計画（3年）

教科	1学期				
	4月	5月	6月	7月	9月
国語	すいせんのラッパ（動画撮影）A1 ① 自分をしょうかいしよう（デジタル思考ツール）C1 ①	話したいな，うれしかったこと（プレゼンテーション）A1 ①	ゆうすげ村の小さな旅館（情報整理）B3 ① 調べて書こう，わたしのレポート（調査まとめ）A2 ①	俳句に親しもう（デジタルコンテンツ視聴）A1 ①	「ほけんだより」を読みくらべよう（情報の比較）C1 ① ローマ字（文字入力）A1 ②
算数	3けたや4けたのたし算とひき算（デジタルコンテンツ）A1 ①	時こくと時間（情報活用）（デジタルコンテンツ）A1 ①	かけ算の筆算：棒グラフと表（デジタルコンテンツ）A1 ①	わり算（デジタルコンテンツ）A1 ①	わり算（デジタルコンテンツ）A1 ① 円と球（デジタルコンテンツ）A1 ①
社会	わたしのまち みんなのまち 学校のまわり（情報活用）A1 ①		市の様子（情報収集・まとめ）B3 ①		はたらく人とわたしたちのくらし／店ではたらく人（情報収集・まとめ）B3 ①
理科	しぜんをかんさつしよう（写真撮影）A1 ①	植物をそだてよう(1)（写真撮影）A1 ①	こん虫をそだてよう（写真撮影）A1 ① 植物をそだてよう(2)（写真撮影）A1 ①	ゴムや風でものをうごかそう（動画撮影）A1 ① 植物をそだてよう(3)（写真撮影）A1 ①	動物のすみかをしらべよう（写真提示）A1 ① 植物をそだてよう(4)（写真撮影）A1 ①
音楽	明るい歌声をひびかせよう（動画撮影）A1 ①	明るい歌声をひびかせよう（動画撮影）A1 ①	リコーダーとなかよしになろう（動画撮影）A1 ①	リコーダーとなかよしになろう（動画撮影）A1 ①	拍のながれにのってリズムをかんじとろう（プログラミング）B1 ①
図工	絵の具と水のハーモニー（写真撮影，作品紹介）B2 ①	カラフルねん土のお店へようこそ 友だちといっしょに（写真撮影，作品紹介）B2 ①	ようこそ，キラキラの世界へ（写真撮影，作品紹介）B2 ①	光と色のファンタジー（写真撮影，作品紹介）B2 ①	ふしぎな乗りもの（写真撮影，作品紹介）B2 ①
体育	体づくりの運動う（動画撮影・比較）A1 ①	走・跳の運動／表現運動（動画撮影・比較）A1 ①	浮く・泳ぐ運動（動画視聴）A1 ①	保健（情報モラル）A4 ①	マット運動（動画撮影・比較）A1 ①
つくばスタイル			（環境）学区の地図づくりをしよう（情報収集）A 2①	（環境）調べた地域のよさをみんなに伝えよう（プレゼンテーション）A1 ①	**（キャリア）プログラミングのお仕事①** **段ボールロボットを動かそう（プログラミング）B1 ①**
特別活動			楽しいプール（安全についてのDVD）（情報活用）A1 ①		

2学期					
10月	11月	12月	1月	2月	3月
サーカスのライオン（情報活用）A1 ① 人物を考えて書こう（情報活用）A1 ①	案内の手紙を書こう（メール機能）B3 ① はたらく犬について調べよう（情報収集・表現）A2 ①	はりねずみと金貨（情報整理・表現）B3 ①	わらい話を楽しもう（映像視聴）A1 ① 世界の家のつくりについて考えよう（情報収集・整理）B3 ①	理由が分かるように書こう（情報活用）A1 ① モチモチの木（動画撮影）A1 ①	「わたしのベストブック」を作ろう（評価）C2 ①
いろいろなわり算（デジタルコンテンツ）A1 ① 長さ（デジタルコンテンツ）A1 ①	小数（デジタルコンテンツ）A1 ①	重さの単位（デジタルコンテンツ）A1 ① 10000 より大きい数（デジタルコンテンツ）A1 ①	2けたの数をかける計算（デジタルコンテンツ）A1 ①	二等辺三角形と正三角形（デジタルコンテンツ）A1 ① □を使った式（デジタルコンテンツ）A1 ①	そろばん（書画カメラ）A1 ①
	農家の仕事 / 工場の仕事（情報収集・まとめ）B3 ①		かかわってきた人々のくらし / 古い道具と昔のくらし（情報収集・まとめ）B3 ①	2．のこしたいもの，つたえたいもの（情報収集・まとめ）B3 ①	
太陽のうごきと地面のようすをしらべよう（写真撮影）A1 ①	太陽の光をしらべよう（写真撮影）A1 ①	ものの重さをしらべよう（情報集約，整理）B1 ①	豆電球にあかりをつけよう（プログラミング）B1 ①	じしゃくのふしぎをしらべよう（実験結果まとめ）A1 ①	
せんりつのとくちょうをかんじとろう（映像視聴）A1 ①	**せんりつのとくちょうをかんじとろう「スクラッチでせんりつづくり」A1 ①（プログラミング）B1 ①**	いろいろな音のひびきをかんじとろう（映像視聴）A1 ①	日本の音楽に親しもう（動画撮影）A1 ①	日本の音楽に親しもう（動画撮影）A1 ①	音を合わせて楽しもう（プログラミング）B1 ①
ふしぎな乗りもの（写真撮影，作品紹介）B2 ①	のこぎりひいて，ザク，ザク，ザク（作品紹介）B2 ①	でこぼこもようのなかまたち（写真撮影，作品紹介）B2 ①	ひみつのへんしんショー（写真撮影，作品紹介）B2 ①	にこにこべんとう，ペタンコランチ（写真撮影，作品紹介）B2 ①	みんなでオンステージ（写真撮影，動画撮影）B2 ①
鉄棒（動画撮影・比較）A1 ①	ゴール型ゲーム（ポートボール）（動画撮影）A1 ① 持久走（映像視聴）A1 ①	持久走（映像視聴）A1 ①	縄跳び / 跳び箱運動（動画撮影・比較）A1 ①	ゴール型ゲーム（サッカー，ベースボール）（動画撮影）A1 ①	ゴール型ゲーム（サッカー，ベースボール）（動画撮影）A1 ①
（キャリア）どんな仕事があったかまとめよう（情報収集）A 2①	（キャリア）まとめたことを発信しよう（プレゼンテーション）A1 ①	**（キャリア）プログラミングのお仕事② ロボットカーを動かそう（プログラミング）B1 ①**	（防災）防災グッズの中身について考えよう（情報交換・問題解決）B3 ①		

情報活用能力の年間指導計画（４年）

教科	1学期				
	4月	5月	6月	7月	9月
国語	こわれた千の楽器 （動画撮影）B2 ① ヤドカリとイソギンチャク （情報収集）B2 ①	案内係になろう （動画撮影）B2 ① 漢字辞典の使い方を知ろう （映像拡大提示）A1 ① 走れ （デジタル思考ツール）C1 ①	メモの取り方をくふうして聞こう （比較検討）C1 ① ローマ字 （文字入力）A1 ② みんなで新聞を作ろう （ポスター作成）A1 ①	「ことわざブック」を作ろう （情報収集）A1 ①	広告と説明書を読みくらべよう （デジタル思考ツール，比較）C1 ① わたしの考えたこと （デジタル思考ツール）C1 ①
算数	大きな数 / 折れ線グラフ （デジタルコンテンツ）A1 ①	角度 / わり算の筆算 （デジタルコンテンツ）A1 ①	がい数 （デジタルコンテンツ）A1 ①	小数 （デジタルコンテンツ）A1 ①	垂直，平行と四角形 （デジタルコンテンツ）A1 ①
社会	火事からくらしを守る （情報集約・整理）B1 ①	事故や事件からくらしを守る （情報収集）A1 ①	水はどこから （情報交換・共有）B2 ①		ごみのしょりと利用 （プレゼンテーション）A1 ①
理科	**季節と生き物（春）「春の生きものクイズ」（プログラミング）B1 ①** 天気と気温 （動画撮影）A1 ①	電池のはたらき （プログラミング）B1 ①	とじこめた空気や水 （デジタルコンテンツ）A1 ①	季節と生き物（夏） （写真撮影）B2 ①	季節と生き物 （夏の終わり） （写真撮影）B2 ① わたしたちの体と運動 （情報収集）B2 ①
音楽	明るい歌声を響かせよう（動画撮影）A1 ① 拍の流れにのってリズムを感じ取ろう（プログラミング）B1 ①・B2 ①				
図工	見つけたよ，この色すてきだね，その色 （写真撮影，作品紹介）A1 ①	絵の具で遊んで「自分いろがみ」 （写真撮影，作品紹介）A1 ①	トントンつないで （写真撮影，作品紹介）A1 ①	木々を見つめて （写真撮影，作品紹介）A1 ①	カードで味わう，形・色 （写真撮影，作品紹介）A1 ①
体育	体つくりの運動 （動画撮影・比較）A1 ①	表現運動 （動画撮影・比較）A1 ①	かけっこ・リレー （動画撮影・比較）A1 ①	浮く・泳ぐ運動 （動画視聴）A1 ①	ネット型ゲーム （プレルボールなど） （動画撮影）A1 ①
つくばスタイル	（環境）エコ生活のすすめ （情報収集）A 2①	（環境）エコ生活のすすめ （情報交換・問題解決）B3 ①	（環境）エコ生活のすすめ （情報交換・問題解決）B3 ①	（環境）エコ生活のすすめ （プレゼンテーション）A1 ①	（キャリア）ふれあおう！人と人 （情報収集）A 2①
特別活動	４年生になって （比較検討）C1 ①	運動会を成功させよう （比較検討）C1 ①	自転車の乗り方 （情報収集）A2 ①	おやつについて考えよう （デジタルコンテンツ）A1 ①	そうじの仕方 （情報収集）A2 ①

2学期					
10月	11月	12月	1月	2月	3月
ごんぎつね (デジタル思考ツール) C1① ある人物になったつもりで (デジタル思考ツール) C1① 文と文をつなぐ言葉の働きを考えよう (デジタルコンテンツ) A1①	クラスで話し合おう (情報比較) C1① くらしの中の和と洋 (情報収集) A1①	同じ読み方の漢字に気をつけよう (デジタルコンテンツ) A1①	言葉をつなげて「百人一首」を声に出して読んでみよう (デジタルコンテンツ) A1① ロボットについて考えよう (情報収集) A1①	漢字を使って読みやすい文を書こう (デジタルコンテンツ) A1①	「言葉のタイムカプセル」を残そう
2けたでわる計算 式と計算 (デジタルコンテンツ) A1①	面積 (デジタルコンテンツ) A1①	整理の仕方 / 変わり方 (デジタルコンテンツ) A1①	小数と整数のかけ算・わり算 (デジタルコンテンツ) A1①	分数 (デジタルコンテンツ) A1①	直方体と立方体 (デジタルコンテンツ) A1①
わたしたちの茨城県と日本 (情報集約・整理) B1①	地域の発展に尽くした人々 (情報収集・整理) A1①	県内のいろいろな地域の人々のくらし (情報収集・整理) A1①	茨城県と他の地域や外国との関わり (情報集約・整理) B1①	茨城県の様子を調べて (情報収集) B 2①	
月の動き (デジタルコンテンツ) A1①	季節と生き物 (秋) (写真撮影) B2① ものの温度と体積 (動画撮影) A1①	もののあたたまり方 (動画撮影) A1①	星の動き (デジタルコンテンツ) A1① 季節と生き物 (冬・1年の変化) (プログラミング) B1①	すがたをかえる水 (デジタルコンテンツ) A1①	自然の中の水 (デジタルコンテンツ) A1①
せんりつのとくちょうを感じ取ろう (映像視聴) A1① せんりつの重なりを感じ取ろう (情報交換) B3① いろいろな歌の響きを感じ取ろう (情報交換) B3①			日本の音楽に親しもう (デジタルコンテンツ) A1① 曲の気分を感じ取ろう (デジタルコンテンツ) A1① **とんびの鳴き声を音で表そう (プログラミング) B1①**		
パックパク (写真撮影, 作品紹介) A1①	へんてこ山の物語 (情報交換・問題解決) B3①	ハッピーカード写真撮影, 作品紹介) A1①	ほると出てくる不思議な花 (写真撮影, 作品紹介) A1①	願いの種から (写真撮影) A1①	ゆめいろランプ (動画撮影) A1①
ゴール型ゲーム (バスケットボールなど) (動画撮影) A1 ①	鉄棒運動 (動画撮影) A1① 育ちゆく体とわたし (情報収集) A 2①	跳び箱運動 (動画撮影) A1①	なわとび運動 (動画撮影) A1①	ゴール型ゲーム (サッカーなど) (動画撮影) A1①	かけっこ・ハードル走 (動画撮影) A1①
(キャリア) ふれあおう！人と人 (情報交換・問題解決) B3①	(キャリア) ふれあおう！人と人 (情報交換・問題解決) B3①	(キャリア) ふれあおう！人と人 (プレゼンテーション) A1①	(サテライト) 行きたい国は？～つくばから広がる世界の国々～ (情報収集) A 2①	(サテライト) 行きたい国は？～つくばから広がる世界の国々～ (情報交換・問題解決) B3①	(サテライト) 行きたい国は？～つくばから広がる世界の国々～ (プレゼンテーション) A1①
1学期をふりかえろう (情報整理・検討) C1①	かたづけ名人になろう (情報収集) A2①	1年間をふりかえろう (情報整理・検討) C1①	寒さをふきとばそう (情報収集) A2①	風邪の予防 (情報収集) A2①	もうすぐ5年生 (比較検討) C1①

情報活用能力の年間指導計画（5年）

教科	1学期				
	4月	5月	6月	7月	9月
国語	音読しよう（動画撮影）B2 ①	筆者の考えをまとめて伝え合おう（比較検討）C1 ①	書き手の意図を考えながら新聞を読もう（比較検討）C1 ①	立場を決めて討論をしよう（プレゼンテーション）B2 ①	資料を生かして考えたことを書こう（情報収集）B2 ①
算数	整数と小数（デジタルコンテンツ）A1 ①	体積（情報交換・共有）B2 ①	図形の角の大きさ（デジタルコンテンツ）A1 ①	合同な図形（図形作成）B2 ①	整数の性質（デジタルコンテンツ）A1 ①
社会	世界の中の国土（デジタルコンテンツ）A1 ①	低い土地のくらし／高い土地のくらし（情報整理・検討）C1 ①	あたたかい土地のくらし（テレビ会議システム）B2 ①	**くらしを支える食料生産「食料生産地クイズ」（プログラミング）B1 ①**	米づくりのさかんな地域（情報集約，整理）B1 ①
理科	天気の変化（動画撮影）A1 ①	植物の発芽，植物の成長（映像拡大提示）A1 ①	メダカのたんじょう（動画撮影）B2 ①	人のたんじょう（情報収集）A2 ①	植物の実や種子のでき方（写真撮影）B2 ①
音楽	ゆたかな歌声をひびかせよう（動画撮影）B2 ①	いろいろな音のひびきを味わおう（動画撮影）B2 ①	いろいろな音のひびきを味わおう（動画撮影）B2 ①	いろいろな音のひびきを味わおう（動画撮影）B2 ①	和音の美しさを味わおう（プログラミング）」B1 ①
図工	春を感じて（情報収集）A2 ①	切ったねん土の形から（写真撮影）B2 ①	くるくる回して（情報交換・問題解決）B3 ①	めざせ，ローラーの達人（写真撮影）B2 ①	クルリンげきじょう（プレゼンテーション）A1 ①
体育	リレー，短距離走（デジタルコンテンツ）A1 ①	表現（動画撮影）B2 ①	けがの防止（デジタルコンテンツ）A1 ①	水泳（デジタルコンテンツ）A1 ①	バスケットボール（情報整理・検討）C1 ①
家庭	はじめてみようクッキング（デジタルコンテンツ）A1 ①	はじめてみようソーイング（映像拡大提示）A1 ①	かたづけよう身の回りの物（情報整理・検討）C1 ①	やってみよう家庭の仕事（情報整理・検討）C1 ①	わくわくミシン（デジタルコンテンツ）A1 ①
外国語活動	Hello! 言語・あいさつ（名刺作成，情報モラル）A4 ①	How many? 数・身の回りの物（デジタルコンテンツ）A1 ①	I like apples. 果物・動物・食べ物・スポーツ（デジタルコンテンツ）A1 ①	I like apples. 果物・動物・食べ物・スポーツ（動画撮影）B2 ①	What do you like? 色・形（デジタルコンテンツ）A1 ①
つくばスタイル	（環境）「ヤゴ救出大作戦」（情報収集）A2 ①	（環境）「ヤゴ救出大作戦」（情報交換・問題解決）B3 ①	（環境）「ヤゴ救出大作戦」（プレゼンテーション）A1 ①	（キャリア）見つめよう！（情報交換・問題解決）B3 ①	5・6年発表会（プレゼンテーション）A1 ①
特別活動	5年生になって（比較検討）C1 ①	運動会のめあて（比較検討）C1 ①	雨の日のすごし方（情報整理・検討）C1 ①	夏休みの計画（デジタルコンテンツ）A1 ①	著作権（情報モラル）C4 ①

2学期					
10月	11月	12月	1月	2月	3月
和の文化について調べよう。（プレゼンテーション）A1 ①	伝記を読んで，感想文を書こう（情報収集）B2 ①	わたしたちとメディアとの関わりについて考えよう（情報活用の振り返り）C2 ①	伝えよう，委員会活動（活動風景撮影）B2 ①	朗読で発表しよう（動画撮影）B2 ①	わたしの文書見本をつくろう（表紙作成）A1 ②
平均（情報収集・整理）A1 ① **「正多角形と円」（プログラミング）B1 ①**	割合（プログラミング）B1 ①	帯グラフと円グラフ（意見集約，グラフ作成）A1 ①	四角形と三角形の面積（デジタルコンテンツ）A1 ①	分数と整数のかけ算・わり算（デジタルコンテンツ）A1 ①	数量の関係の調べ方（プレゼンテーション）A1 ①
これからの食料生産とわたしたち（プレゼンテーション）A1 ①	自動車をつくる工業（インターネット）B2 ①	これからの工業生産とわたしたち（プレゼンテーション）A1 ①	社会を変える情報，情報を生かすわたしたち（情報社会の理解）A3 ①	環境を守るわたしたち（情報集約，整理）B1 ①	自然災害を防ぐ（情報交換・問題解決）B3 ①
台風と天気の変化（情報収集）B2 ①	流れる水のはたらき（動画撮影）A1 ①	電磁石の性質（情報集約，整理）B1 ①	もののとけ方（デジタルコンテンツ）A1 ①	ふりこの動き（動画撮影，プレゼンテーション）A1 ①	６年の学習の準備（デジタルコンテンツ）A1 ①
曲想を味わおう（デジタルコンテンツ）A1 ①	曲想を味わおう（デジタルコンテンツ）A1 ①	詩と音楽を味わおう（デジタルコンテンツ）A1 ①	日本と世界の音楽に親しもう（デジタルコンテンツ）A1 ①	心をこめて表現しよう（動画撮影）B2 ①	心をこめて表現しよう（動画撮影）B2 ①
でこぼこ広場に絵の具が走る（情報整理・検討）C1 ①	糸のこドライブ（デジタルコンテンツ）A1 ①	自然の中で感じたことを…（情報収集）B2 ①	色を重ねて，ゆめを広げて（デジタルコンテンツ）A1 ①	だんボールで，試して，つくって（写真撮影）B2 ①	伝えたい気持ちを箱につめて（プレゼンテーション）A1 ①
鉄棒（動画撮影）B2 ①	跳び箱（動画撮影）A2 ①	心と健康（デジタルコンテンツ）A1 ①	マット運動（動画撮影）A2 ①	サッカー（情報整理・検討）C1 ①	走り幅跳び（動画撮影）A2 ①
わくわくミシン（情報整理・検討）C1 ①	食べて元気に / ３つの食品のグループとそのはたらき（情報収集・整理）A1 ①	食べて元気に / ご飯とみそしるをつくろう（情報整理・検討）C1 ①	じょうずに使おうお金と物（情報整理・検討）C1 ①	寒い季節を快適に（情報交換・問題解決）B3 ①	家族とほっとタイム（情報モラル）A4 ①
What do you want? 身の回りの物（動画撮影）B2 ①	What's this? 身の回りの物（デジタルコンテンツ）A1 ①	What's this? 身の回りの物（動画撮影）B2 ①	I study Japanese. 教科・曜日（デジタルコンテンツ）A1 ①	What would you like? 料理（デジタルコンテンツ）A1 ①	What would you like? 料理（動画撮影）B2 ①
（歴史・文化）学校周辺の歴史・文化を発見しよう（情報収集）A2 ①	（歴史・文化）学校周辺の歴史・文化を発見しよう（情報交換・問題解決）B3 ①	（歴史・文化）学校周辺の歴史・文化を発見しよう（プレゼンテーション）A1 ①	（健康・安全）防災マップをつくろう（情報収集）A2 ①	（健康・安全）防災マップをつくろう（情報交換・問題解決）B3 ①	学習発表会（プレゼンテーション）A1 ①
係活動を見直そう（情報整理・検討）C1 ①	身の回りの安全な生活（情報セキュリティ）C4 ②	気持ちの良い言葉（情報交換・問題解決）B3 ①	心と体のつながり（情報収集）A2 ①	６年生を送る会について（動画撮影）B2 ①	もうすぐ６年生として（比較検討）C1 ①

情報活用能力の年間指導計画（6年）

教科	1学期				
	4月	5月	6月	7月	9月
国語	文章を読んで自分の考えを持とう（情報収集）B2 ①	人物と人物との関係を考えよう（比較検討）C1 ①	新聞の投書を読んで意見を書こう（情報整理・検討）C1 ①	問題を解決するために話し合おう（情報交換・問題解決）B3 ①	資料を生かして呼びかけよう（情報活用・プレゼンテーション）A1 ①
算数	対称な図形（デジタルコンテンツ）A1 ①	文字を使った式（情報交換・共有）B2 ①	分数のかけ算 / わり算（情報交換・共有）B2 ①	円の面積（情報交換・共有）B2 ①	速さ / 角柱と円柱の体積 / 場合の数（情報交換・共有）B2 ①
社会	縄文のむらから古墳のくにへ（デジタルコンテンツ）A1 ①	天皇中心の国づくり / 貴族のくらし（デジタルコンテンツ）A1 ①	武士の世の中へ（デジタルコンテンツ）A1 ①	3 人の武将と天下統一（プレゼンテーション）A1 ①	明治の国づくりを進めた人々（情報検討）C1 ①
理科	わたしたちの生活と環境（プレゼンテーション）A1 ①	ものの燃え方（情報活用）C1 ①（比較検討）C1 ①	体のつくりとはたらき（情報収集・整理）A1 ①	植物の成長と水の関わり（動画撮影）A2 ①	月と太陽（デジタルコンテンツ）A2 ①
音楽	豊かな歌声をひびかせよう（動画撮影）B2 ①	豊かな歌声をひびかせよう（動画撮影）B2 ①	いろいろ な音のひびきを味わおう（動画撮影）B2 ①	いろいろな音のひびきを味わおう（プログラミング）」B1 ①	和音の美しさを味わおう（デジタルコンテンツ）A1 ①
図工	わたしのお気に入りの場所（情報収集）A2 ①	なぞの入口から…（デジタルコンテンツ）A1 ①	動き出すストーリー（情報整理・検討）C1 ①	墨のうた（写真撮影）B2 ①	布や枝のコンサート（情報整理・検討）C1 ①
体育	リレー，短距離走（デジタルコンテンツ）A1 ①	表現（動画撮影）B2 ①	病気の起こり方（情報モラル）C3 ①	水泳（デジタルコンテンツ）A1 ①	バスケットボール（動画撮影）A2 ①
家庭	わたしの生活時間（情報収集）A2 ①	いためてつくろう朝食のおかず（デジタルコンテンツ）A1 ①	クリーン大作戦（情報交換・問題解決）B3 ①	暑い季節を快適に（情報交換・問題解決）B3 ①	楽しく　ソーイング（デジタルコンテンツ）A1 ①
外国語活動	Do you have "a"? 言語・文字（デジタルコンテンツ）A1 ①	When is your birthday? 行事・月・日付（デジタルコンテンツ）A1 ①	I can swim. スポーツ・動作（動画撮影）B2 ①	Trun right. 建物・道案内（デジタルコンテンツ）A1 ①	Trun right. 建物・道案内（デジタルコンテンツ）A1 ①
つくばスタイル	（環境）ストップ！地球温暖化（情報収集）A2 ①	（環境）ストップ！地球温暖化（情報交換・問題解決）B3 ①	（環境）ストップ！地球温暖化（プレゼンテーション）A1 ①	（キャリア）広げよう！夢・希望（情報収集）A2 ①	（キャリア）広げよう！夢・希望（情報交換・問題解決）B3 ①
特別活動	光学園らしさとは・低学年への思いやり（比較検討）C1 ①	運動会のめあて（比較検討）C1 ①	気持ちの良い言葉（情報交換・問題解決）B3 ①	夏休みの計画（デジタルコンテンツ）A1 ①	安全に過ごそう（情報セキュリティ）A4 ②

2学期					
10月	11月	12月	1月	2月	3月
感動の中心をとらえよう（情報交換）B3 ①	町の未来をえがこう（プレゼンテーション）A1 ①	情報を活用するときに気をつけよう（情報モラル）A4 ①	句会を開こう（プレゼンテーション）A1 ①	将来の夢や生き方について考えよう（テレビ会議システム）B2 ①	六年間をふり返って書こう（プレゼンテーション）A1 ①
比 / 拡大図と縮図（プログラミング）B1 ①	比例と反比例（デジタルコンテンツ）A1 ①	およその形と面積（情報交換・共有）B2 ①	資料の調べ方（デジタルコンテンツ）A1 ①	量の単位（プログラミング）B1 ①	角柱と円柱 / 数量の関係の調べ方（デジタルコンテンツ）A1 ①
世界に歩み出した日本（情報整理・検討）C1 ①	長く続いた戦争と人々のくらし（情報活用・プレゼンテーション）A1 ①	国の政治のしくみ（情報集約，整理）B1 ①	わたしたちのくらしと日本国憲法（デジタルコンテンツ）A1 ①	日本とつながりの深い国々（情報検討）C1 ①	世界の未来と日本の役割（情報交換・問題解決）B3 ①
水溶液の性質（情報整理・検討）C1 ①	土地のつくりと変化（デジタルコンテンツ）A1 ①	てこのはたらき（情報整理・検討）C1 ①	**電気の性質とその利用「電光掲示板を作ろう」①（プログラミング）B1 ①**	電気の性質とその利用（プレゼンテーション）A1 ①	生物と地球環境（情報整理・検討）C1 ①
和音の美しさを味わおう（プログラミング)」B1 ①	曲想を味わおう（デジタルコンテンツ）A1 ①	詩と音楽を味わおう（デジタルコンテンツ）A1 ①	日本と世界の音楽に親しもう（デジタルコンテンツ）A1 ①	心をこめて表現しよう（動画撮影）B2 ①	心をこめて表現しよう（プレゼンテーション）A1 ①
クローズアップで見える新世界（映像拡大提示）A1 ①	白の世界（情報収集）B2 ①	はさみと紙のハーモニー（情報検討）C1 ①	形と色が動き出す（情報収集）B2 ①	写して見つけたわたしの世界（写真撮影）B2 ①	伝え方をたのしもう（プレゼンテーション）A1 ①
病気の予防（情報収集・整理）A1 ①	鉄棒（動画撮影）B2 ①	跳び箱（動画撮影）A2 ①	マット運動（動画撮影）A2 ①	サッカー（情報整理・検討）C1 ①	走り高跳び（動画撮影）A2 ①
楽しく　ソーイング（情報整理・検討）C1 ①	くふうしよう　おいしい食事 / バランスのよいこんだてを考えよう（情報収集・整理）A1 ①	くふうしよう　おいしい食事 / 身近な食品でおかずをつくろう（情報整理・検討）C1 ①	共に生きる生活 / わたしたちの生活と地域（情報社会の理解）A3 ①	共に生きる生活 / わたしの気持ちを伝えよう（情報交換・問題解決）B3 ①	共に生きる生活 / 考えようこれからの生活（情報モラル）A4 ①
Let's go on a trip. 世界の国々・世界の生活・「観光案内」をしよう（プログラミング）B1 ①	What time do you get up? 一日の日課（デジタルコンテンツ）A1 ①	What time do you get up? 一日の日課（デジタルコンテンツ）A1 ①	We are good friends. 世界の童話・日本の童話（デジタルコンテンツ）A1 ①	What do you want to be? 職業・将来の夢（動画撮影）B2 ①	What do you want to be? 職業・将来の夢（デジタルコンテンツ）A1 ①
5・6年発表会（プレゼンテーション）A1 ①	（歴史・文化）世界の国々の探検をしよう（情報収集）A2 ①	（歴史・文化）世界の国々の探検をしよう（情報収集）A2 ①	（歴史・文化）世界の国々の探検をしよう（情報交換・問題解決）B3 ①	（歴史・文化）世界の国々の探検をしよう（情報整理・検討）C1 ①	学習発表会（プレゼンテーション）A1 ①
係活動を見直そう（情報整理・検討）C1 ①	自分のよさ・友だちのよさ（情報交換・問題解決）B3 ①	卒業文集を作ろう（情報収集）A2 ①	風邪の予防（情報収集）A2 ①	卒業記念イベントを考えよう（比較検討）C1 ①	卒業前に出来ること（情報交換・問題解決）B3 ①

■監修者

赤堀　侃司（あかほり　かんじ）
東京工業大学大学院修了後，静岡県高等学校教諭，東京学芸大学講師・助教授，東京工業大学助教授・教授，白鷗大学教育学部長・教授を経て，現在，東京工業大学名誉教授，(一社)日本教育情報化振興会会長，(一社)ICT CONNECT 21 会長，(NPO)P検理事長，工学博士など。専門は，教育工学。主な著書は，「タブレットは紙に勝てるのか」(ジャムハウス，2014)，「デジタルで教育は変わるか」(ジャムハウス，2016)，「プログラミング教育の考え方とすぐに使える教材集」(ジャムハウス，2018) など。

久保田善彦（くぼた　よしひこ）
東京学芸大学大学院を修了後，茨城県内の中学校および小学校に 15 年間勤務する。その後，上越教育大学学校教育研究科，兵庫教育大学大学院連合学校教育学研究科，宇都宮大学教職大学院教授を経て，現在，玉川大学教職大学院教授。理科教育，教育工学，臨床教科教育学を専門としている。近年の主な研究は，協調学習におけるテクノロジ活用，理科における AR・VR 教材の開発と評価等である。研究の関心や業績は以下に詳しい。
http://www.kubota-lab.net/

■編著
つくば市教育局総合教育研究所
■執筆
安彦　広斉／文部科学省初等中等教育局視学官（前情報教育振興室長）
赤堀　侃司／東京工業大学名誉教授
堀田　龍也／東北大学大学院情報科学研究科教授
柴原　宏一／茨城県教育長
森田　充　／つくば市教育局長
久保田善彦／玉川大学教職大学院教授
毛利　靖　／つくば市立みどりの学園義務教育学校長（前つくば市教育局総合教育研究所長）
中村めぐみ／つくば市教育局総合教育研究所指導主事
■協力校
つくば市内小中学校義務教育学校

【表紙・本文デザイン】
株式会社リーブルテック AD 課

これならできる
小学校教科でのプログラミング教育（しょうがっこうきょうか／きょういく）
2018 年 10 月 20 日　第 1 刷発行
2019 年　7 月 20 日　第 2 刷発行

監　修 — 赤堀　侃司
　　　　　久保田善彦
編　著 — つくば市教育局総合教育研究所
発行者 — 千石　雅仁
発行所 — 東京書籍株式会社
〒 114-8524　東京都北区堀船 2-17-1
03-5390-7531（営業）／ 03-5390-7445（編集）
印刷所 — 株式会社リーブルテック

Printed in Japan
ISBN978-4-487-81184-7 C0037